KB218781

Marcus Tullius Cicero

De Re Publica

부클래식

097

국가론

마르쿠스 툴리우스 키케로

임성진 옮김

부북스

국가론

1판 1쇄 발행 2025년 5월 27일

지은이 | 마르쿠스 툴리우스 키케로

옮긴이 | 임성진

발행인 | 신현부

발행처 | 부북스

주 소 | 04613 서울시 중구 다산로29길 52-15, 301호

전 화 | 02-2235-6041

이메일 | boobooks@naver.com

ISBN | 979-11-91758-30-6

차례

내용 구분

1권

2권

일러두기

1. 이 책은 라틴어 원전인 Marcus Tullius Cicero, *M. Tulli Ciceronis De Re Publica, De Legibus, Cato Maior de Senectute, Laelius de Amicitia*, ed. by J. G. F. Powell (Oxford University Press, 2006)에서 De Re Publica 부분을 국내 최초로 번역한 책이다. 번역과 주석을 위해서 참고한 책은 다음과 같다.

   Marcus Tullius Cicero, *De re publica*, ed. by Konrat Ziegler(De Gruyter, 2001).

   _____, *De re publica: Selections*, ed. by James E. G. Zetzel(Cambridge University Press, 1995).

   _____, *On the Commonwealth*, trans. by George Holland Sabine and Stanley Barney Smith(Ohio State University Press, 1929).

   _____, *On the Commonwealth and On the Laws*, trans. by James E. G. Zetzel(Cambridge University Press, 1999).

   _____, *On the Republic, On the Laws*, trans. by Clinton Walker Keyes(Harvard University Press, 1928).

   _____, *On the Republic and On the Laws*, trans. by David Fott(Cornell University Press, 2014).

   _____, *The Republic and The Laws*, trans. by Niall Rudd(Oxford University Press, 2009).

   키케로, 『국가론』, 김창성 옮김(한길사, 2021).

2. 소괄호( ) 또는 줄표— —는 원문에서 말의 앞뒤 흐름이 끊기거나 앞말을 부연 설명하는 부분이고, 대괄호[ ]는 역자가 앞말을 설명하거나 간단히 주석하거나, 내용 이해를 위해 삽입한 부분이며, 꺾쇠 대괄호 【 】는 Powell이 원문의 훼손된 곳을 보충한 부분이고, 꺾쇠 대괄호 + 별표 【 * 】는 Powell이 나중에 누군가에 의해서 원문에 삽입되었다고 추정하는 부분이다.

3. 【 *** 】는 원문이 훼손된 부분이다.

4. 고유명사는 굳어진 표현(예컨대 아테네)을 제외하면 원전대로 읽는다.

5. 인명은 색인에서 설명한다.

6. 문단을 구별하는 방식은 두 가지로, 자세히 나눈 것(예컨대 1.)은 스콧 방식이고, 넓게 나눈 것(예컨대 【1】)은 그뤼테르 방식이다. 인용할 때는 주로 스콧 방식을 따른다. 3~6권에서 Powell의 스콧 방식 숫자와 Ziegler의 스콧 방식 숫자는 달라서, Ziegler의 스콧 방식 숫자는 소괄호( )에 표기한다.

7. 3~6권의 소제목은 Powell이 붙인 소제목이다.

국가론

1권

서문 단편

1. 따라서 조국은 더 많은 혜택을 주고 친부모보다 더 오래된 부모이기 때문에, 확실히 우리는 부모보다 조국에 더 많이 감사한다.[01]

2. 저들이 [그개] 그 일에서 물러나게 한다.[02]

【1】1. 【***】 [애국심이 없었더라면, 그들은 로마를]【공격에서】벗어나게 하지【못했을 것이고】, 가이우스 두일리우스, 아울루스 아틸리우스, 루키우스 메텔루스는 [로마를] 카르타고에 대한 공포에서 벗어나게 하지 못했을 것이며, 두 명의 스키피오[푸블리우스 스키피오, 그나이우스 스키피오]는 제2차 카르타고

---

01 노니우스, 426,8. Ziegler 편집본 1권 단편 a.
02 아루시아누스 메시우스, 457,14. Ziegler 편집본 1권 단편 d.

전쟁의 타오르는 불길을 자신의 피로 끄지 못했을 것이고, 그 불길이 다시 더 세차게 타올랐을 때 퀸투스 막시무스는 그 불길을 약하게 하지 못했을 것이며, 마르쿠스 마르켈루스는 그 불길을 잡지 못했을 것이고, 푸블리우스 아프리카누스는 이 도시의 문에서 그 불길을 떼어내어 적들의 성벽 안으로 몰아넣지 못했을 것이다. 게다가 무명의 신인[新人][03]인 마르쿠스 카토(그와 동일한 것을 열망하는 우리 모두를 근면과 덕으로 이끄는 본보기)는 건강에 좋고 가까운 곳인 투스쿨룸에서 여가를 즐길 수 있었지만, 저들[에피쿠로스 철학자들]의 생각대로 미친 사람인 그는 평온하게 여가를 누리면서 매우 즐겁게 살기보다는 긴급한 상황이 없었는데도 말년까지 파도와 폭풍 속에서 시달리기를 원했다. 나는 이 나라에 안녕을 가져다준 무수히 많은 사람은 말하지 않으며, 또한 현세대가 기억하는 사람들에 대한 언급은 생략한다. 누군가 자기든 자기 식구든 언급되지 않았다고 불평하지 않도록 말이다. 나는 다음 하나만을 단언한다. 자연은 인류에게 덕에 대한 필요성도 공공의 안녕을 지키도록 사랑도 넉넉히[04] 주어서, 그것들의 힘이 쾌락과 여가의 모든 유혹을 물리쳤다.

【2】 2. 그런데 덕은 기술과 달리 사용하지 않은 채 소유하는 것만으로 충분치 않다. 기술은 사용하지 않아도 지식을 통

---

03 신인(novus homo)은 자기 가문에서 최초로 집정관에 취임한 사람이다.

04 "tantamque" 대신에 "tantumque"로 읽는다.

해서 유지될 수 있지만, 덕은 그것의 사용에 완전히 달려 있다. 나아가 덕을 최대로 사용하는 것은 나라를 통치하는 것이자, 저들[철학자들]이 구석에서 크게 외치는 것을 말로가 아니라 실제로 실현하는 것이다. 왜냐하면 철학자들은 나라를 위해서 법을 제정한 자들이 만들고 확립한 것(적어도 올바르고 훌륭하다고 말해지는 것)만을 말하기 때문이다. 예컨대 경건은 어디에서 유래하고, 종교는 누구에게서 유래하는가? 만민법이나 소위 말하는 우리의 시민법은 어디에서 유래하는가? 정의, 신의, 공정은 어디에서 유래하는가? 수치심, 자제, 추함의 회피, 칭송과 명예에 대한 갈망은 어디에서 유래하는가? 고생과 위험 속에서 발휘되는 용기는 어디에서 유래하는가? 가르침을 통해서 형성된 이것들 중 일부는 관습으로 확립하고 일부는 법률로 제정한 자들에게서 분명히 유래한다. 3. 게다가 사람들이 전하기를, 특히 저명한 철학자인 크세노크라테스는 그의 제자들이 무엇을 배웠는가를 질문받자, 법률이 행하라고 강제하는 것을 그들이 자발적으로 행하는 것을 배웠다고 대답했다. 그러므로 철학자들이 말로 겨우 몇 사람을 설득하여 행하게 할 수 있는 것을 모든 사람에게 대권[05]과 법률의 처벌로 강제하는 시민[통치자]이, 이런 논의를 하는 선생들보다 존중받아야만 한다. 철학자들의 말이 뛰어난들 공공의 법과 관습으로 잘 수립된 나라보

05   대권(imperium)에는 평화 시의 통치권과 전시의 명령권이 있다.

다 앞서겠는가? 엔니우스가 말하는 "크고 세력 있는 도시들"[06]이 촌락들과 요새들보다 우선시되어야 한다고 내가 생각하는 것처럼, 나는 이 도시들을 슬기와 권위로 다스리는 자들이 국정 경험이 전혀 없는 자들보다 지혜에서 훨씬 앞선다고 여긴다. 그리고 우리는 인류의 부를 늘리는 데 매우 강하게 이끌리며, 우리의 계획과 노고를 통해서 인간의 삶을 더 안전하고 더 풍족하게 만드는 데 힘쓰며, 본성의 자극을 받아서 이런 쾌락[07]을 추구하도록 부추겨지기 때문에, 항상 각각의 최선자가 따르는 경로를 유지하자. 그리고 이미 진격한 자들을 철수시키는 퇴각 나팔 소리는 듣지 말자.

【3】 4. 너무나 확실하고 명백한 이 논변을 반박하는 자들은 국가를 지킬 때 감당해야 하는 노고를 먼저 제시한다. 그러나 이는 깨어 있고 부지런한 자에게는 참으로 가벼운 짐에 불과하니, 중대사뿐만 아니라 일상사(공부나 의무나 심지어 거래)에서도 경시되어야 한다. 그들은 삶의 위험을 추가로 제시하고, 용감한 사람들을 수치스러운 죽음의 공포에 직면하게 만든다. 하지만 용감한 사람들은 늙어서 자연사하는 것이, 자연에 돌려줘야만 하는 목숨을 무엇보다도 조국을 위해 바칠 기회가 주어지는 것보다 비참하다고 여기곤 한다. 그러나 반박하는 자들은

---

06   엔니우스, 『연대기』, 위치가 불확실한 단편 21.
07   "voluntatem" 대신에 "voluptatem"으로 읽는다.

매우 저명한 자들이 당한 재난의 사례들과 그들이 감사할 줄 모르는 시민들에게 당한 불의의 사례들을 수집하고 나서 자기들이 이 주제에 대해서 풍부하고 유창하게 말한다고 생각한다. 5. 그들은 희랍인들의 사례들을 제시한다. 페르시아인들을 이기고 정복한 밀티아데스는 매우 유명한 승전에서 신체의 앞면에 입은 상처가 치료되기 전에 적들의 무기로부터 구해낸 목숨을, 시민들의 사슬 속에서 잃었다. 자기가 해방한 조국에서 추방되어 놀라서 달아난 테미스토클레스는 자기가 구해낸 희랍의 항구가 아니라 자기가 쳐부순 야만국의 한복판으로 도피했다. 아테네인들이 매우 걸출한 시민들에게 경솔하고 잔인했던 사례들은 적지 않으며, 반박하는 자들이 말하듯이, 희랍인들 사이에서 생겨나 널리 퍼진 이런 사례들은 심지어 매우 훌륭한 우리나라에 흘러넘쳤다. 6. 반박하는 자들은 카밀루스의 망명, 아할라에 대한 혐오, 나시카에 대한 시기, 라이나스의 추방, 오피미우스에 대한 유죄 판결, 메텔루스의 도주, 가이우스 마리우스의 매우 쓰라린 파멸, 제일 시민들에 대한 살해, 얼마 후 뒤따른 다른 많은 사람의 죽음을 언급한다. 게다가 그들은 내 이름도 빠뜨리지 않는다. 내가 믿건대 그들은 나의 계획과 위험 덕분에 평온한 삶을 유지했다고 생각하기 때문에, 나에게 더 호감을 갖고 나의 불운을 더욱 개탄한다. 그러나 그들이 견문하고 배우기 위해서 바다를 건널 때, [내가 조국을 위해서 매우 큰 위험을 감수한다는 데에 그들이 놀라는] 이유를 나는 말하기 쉽지 않다. 【***】

【4】 7. 【***】 집정관직에서 물러나면서 내가 대중 집회에서 【국가는】 안전하다고 맹세했고 로마 인민도 같은 맹세를 했기【때문에】, 내가 [망명에서 돌아오지 못했어도] 내가 당한 모든 불의에 대한 근심과 괴로움을 쉽게 보상받았을 것이다. 그러나 나의 불운은 노고보다는 명예를, 괴로움보다는 영광을 더 많이 얻었다. 그리고 악한 자들의 [나에 대한] 즐거움에서 내가 느낀 고통보다 좋은 사람들의 [나에 대한] 그리움에서[08] 내가 느낀 즐거움이 더 컸다. 그러나 내가 말한 것과 다른 결과가 나왔어도, 내가 어찌 불평할 수 있었을까? 나의 대단한 업적을 고려할 때 예기치 못한 일도 나의 예상보다 더 나쁜 일도 나에게 생기지 않았다. 왜냐하면 나는 어려서부터 해온 공부의 다양한 재미 덕분에 다른 사람들보다 더 많은 결실을 여가에서 거둘 수 있는 사람이었고, 모든 사람에게 더 가혹한 일이 발생하면, 나는 특별한 운명이 아니라 남들과 같은 운명을 겪어야 했는데도, 시민들을 지키기 위해서 매우 심한 폭풍우와 벼락에 맞서고, 나 자신은 위험에 처할지라도 다른 모든 사람을 위해서 여가를 확보하는 데 주저하지 않을 사람이었기 때문이다. 8. 그리고 조국은 다음과 같은 조건으로 우리를 낳고 길렀다. 조국은 우리한테 부양을 바라지도 않았고, 오직 우리의 이익을 돌보면서 우리의 여가를 위해 안전한 은신처를, 또 휴식을 위해 조용한 장

---

08 키케로는 기원전 58년 3월~기원전 57년 8월에 로마를 떠나 망명했다.

소를 제공하지도 않았으며, 오히려 조국은 자기의 유익을 위해 우리의 정신과 재능, 슬기의 매우 크고 매우 중요한 부분을 자기 것이라 주장하였고, 자기를 위해서 쓰고 남은 것만 우리가 개인적으로 쓰도록 우리에게 돌려주었다.

【5】9. 게다가 여가를 더 쉽게 누리기 위해서 사람들이 늘어놓는 변명에 귀 기울이면 절대 안 된다. 사람들이 말하기를, 국정에 종사하는 자들은 대부분 완전히 무가치하고, 이들과 비교되는 것은 창피하며, 특히 대중이 선동되었을 때 이들과 싸우는 것은 비참하고 위험하다. 그러하기에 사람들이 말하기를, 통제 안 되는 미친 군중의 충동을 제어할 수 없는데도 고삐를 잡는 것은 현자에게 어울리지 않고, 야만적인 못된 적들과 격하게 싸울 때 모욕받으며 채찍질을 견디거나, 현자가 겪으면 안 되는 불의를 기다리는 것은 자유인에게 어울리지 않다. 마치 자기들이 도움을 주고 싶어도 도움을 줄 수 없는데도,[09] 좋은, 용감한 그리고 위대한 정신의 사람들이, 사악한 자들에게 복종하지 않고 그 자들이 국가를 난도질하지 못하게 막는 것보다 더 정당하게 국정을 맡을 이유가 있는 것처럼 말이다.

【6】10. 게다가 사람들은 긴급한 위기 상황이 강제하지 않으면 현자는 국정에 참여하지 않을 것이라고 말하는데, 이런 예외가 누구에게 인정될 수 있단 말인가? 나에게 생긴 것보다

---

09 "자기들이 도움을 주고 싶어도 도움을 줄 수 없는데도"를 "현자가 겪으면 안 되는 불의" 다음으로 옮기자는 Powell의 제안을 따르지 않는다.

더 긴급한 상황이 누군가에게 생길 수 있는 것처럼 말이다. 그런데 긴급한 상황이 생겼을 때 내가 집정관이 아니었다면, 나는 무엇을 할 수 있었을까? 기사 신분 출신인 나를 최고 공직으로 이끈 인생 역정을 어릴 때부터 유지하지 않았다면, 내가 어떻게 집정관이 될 수 있었을까? 그래서 국가가 위험에 직면해도 네[동생 퀸투스]가 국가를 도울 위치에 없다면, 즉각적이든지 네가 돕고 싶을 때이든지 너에게 국가를 도울 기회는 없다. 11. 평소에 나는 박식한 사람들의 말에서 특히 다음을 이상하게 여긴다. 그들은 배를 조종하는 법을 배운 적도 없고 알려고도 애쓰지 않았으므로, 잔잔한 바다에서 배를 조종할 수 없다고 말하면서, 매우 거대한 파도가 일면 자기들이 배를 조종하겠다고 공언한다. 평소에 그들은 국가를 수립하고 유지하는 방법에 관해서 배운 적도 없고 가르치지도 않는다고 공개적으로 말하고 크게 뽐내며, 국가에 관한 지식을 박식한 사람들과 현자들이 아니라 이런 일에 숙달된 사람들에게 부여해야 한다고 생각한다. 그러니 급박한 상황이 없으면 국가를 지배할 줄(훨씬 더 쉬운 일)조차 모르면서, 급박한 상황이 강제할 때만 국가를 돕겠다고 약속하는 것이 어찌 그들에게 어울리겠는가? 현자가 평소에는 자발적으로 나랏일을 맡지 않으나, 상황이 강제하면 이 임무를 거부하지 않는 게 사실이라 하더라도, 내 생각에 현자는 정치학을 절대 소홀히 하면 안 된다. 왜냐하면 언젠가 반드시 정치학을 활용할지 활용하지 않을지 모르더라도 사전에 모든 것을 준비해야 하기 때문이다.

【7】 12. 나는 이 점을 길게 말했다. 왜냐하면 나는 이 책에서 국가에 관한 논의를 계획하고 착수했기 때문이다. 이 논의가 헛되지 않도록 나는 먼저 국정 참여의 망설임을 없애야 했다. 하지만 철학자들의 권위에 흔들리는 자들이 있다면, 매우 박식한 사람 중 최고의 권위와 영광을 지닌 자들에게 잠시 주의를 기울이고 그들의 말을 듣게 하라. 그들이 몸소 국정에 참여하지 않았다고 해도, 내 생각에 그들은 국가에 대해서 많은 것을 조사하고 저술했기 때문에, 국가를 위해서 어떤 임무를 수행했다. 게다가 내가 알듯이, 희랍인들이 현자라고 부른 칠현인[10]은 거의 다 국정에 깊이 관여했다. 그리고 새로운 나라를 수립하거나 수립된 나라를 유지할 때보다 인간의 덕이 신의 능력에 더 가까이 다가간 적은 없다. 【8】 13. 그런데 나는 국정을 수행하면서 어느 정도 기억에 남을 만한 업적을 이루었고, 정치 이론을 설명하는 데도 어느 정도 능력을 갖추었기 때문에, 경험을 통해서뿐만 아니라 배움과 가르침에 대한 열망을 통해서도 나는 국가에 관한 권위자가 되었다. 왜냐하면 이전 사람 중 일부는 논의에서는 매우 세련되었으나 업적은 전혀 없었고, 다른 일부는 업적은 인정받을 만했지만 논의에서는 거칠었기 때문이다. 그런데 내가 제시할 이론은 새로운 것도 아니고 내

---

10 비아스, 킬론, 클레오불로스, 뮈손 또는 페리안드로스, 피타코스, 솔론, 탈레스.

가 발견한 것도 아니며, 우리 나라에서 어느 한 세대에 속한 가장 저명하고 가장 지혜로운 사람들의 논의를 상기한 것에 불과하다. 이 논의는 과거 어린 시절에 너와 내가 며칠간 스뮈르나에 함께 있었을 때 푸블리우스 루틸리우스 루푸스가 전해준 것이다. 이 논의에서 정치 이론의 중요한 주제가 거의 다 논의되었다고 나는 생각한다.

【9】14. 투디타누스와 아퀼리우스가 집정관인 해[기원전 129년]에 파울루스의 아들인 푸블리우스 아프리카누스는 라티움 축제 기간에 별장에 있기로 했다. 그와 절친한 친구들은 그 기간에 그를 자주 방문하겠다고 말했다. 라티움 축제의 첫날 아침 그의 조카인 퀸투스 투베로가 제일 먼저 그에게 왔다. 스키피오[아프리카누스]는 그에게 상냥히 인사하고 흐뭇하게 바라보며 말했다.

스키피오: 왜 이리 일찍 왔나, 투베로? 이번 축제에 자네는 책을 펼칠 상당히 좋은 기회를 얻었는데.

투베로: 저는 아무 때나 저의 책을 읽을 수 있습니다. 저의 책은 바쁘지 않거든요. 그렇지만 여가를 즐기시는 외삼촌을 만나는 일은, 특히 국가가 소란스러운 시기에는 매우 드문 일입니다.

스키피오: 여가를 즐기는 나를 만난 건 확실해. 그런데 나는 맹세코 정신보다 업무 차원에서 여가를 더 즐기고 있지.

투베로: 하지만 외삼촌께서는 정신의 긴장도 푸셔야 합니다. 여러 사람인 저희는 결심한 대로, 외삼촌께서 괜찮으시다면, 외삼촌과 함께 이번 여가를 만끽할 준비가 되어 있습니다.

스키피오: 흔쾌히 받아들이지. 우리가 나중에 학문할 때 뭔가 상기하도록 말이지.

【10】 15. 투베로: 그럼 아프리카누스님, 외삼촌께서 저를 어떤 식으로든 초대해서 제가 외삼촌에 대해 기대감을 갖게 하기 때문에, 다른 사람들이 오기 전에 원로원에 보고된 두 번째 태양과 관련된 사실이 무엇인지 먼저 살펴보죠. 사실 두 개의 태양을 봤다고 말하는 자들이 적지도 않고 경솔하지도 않습니다. 그러니 그들의 말을 불신하기보다 그 이유를 물어보아야 합니다.

스키피오: 우리의 친구인 파나이티오스가 우리와 함께 있었으면 얼마나 좋았을까! 그는 늘 다른 문제들뿐만 아니라 천체와 관련된 문제들도 매우 열심히 탐구했지. 그러나 투베로, (나는 자네에게 내 생각을 솔직하게 말하겠네) 나는 이러한 모든 문제에서 우리의 친구에게 완전히 동의하지 않아. 왜냐하면 우리가 추측을 통해서 어떤 것인지 거의 짐작할 수 없는 것에 대해서 그는 눈으로 보거나 손으로 분명히 만진다고 여길 만큼 확실하다고 말하기 때문이지. 그래서 나는 늘 소크라테스가 더 지혜롭다고 여기지. 왜냐하면 그는 이런 종류의 관심을 모조리 거두어들였고, 자연에 대한 탐구는 인간 이성이 파

악할 수 있는 범위를 넘어서거나 인간의 삶과 전혀 무관하다고 말했기 때문이지.

16. 투베로: 아프리카누스님, 소크라테스가 이런 종류의 논의를 모두 거부하고 오직 삶과 성품만 탐구하곤 했다고 전해지는데 그 이유를 모르겠습니다. 우리가 소크라테스에 대해 믿을 만한 권위자라고 칭송할 수 있는 사람이 플라톤말고 누가 있습니까? 플라톤 책의 여러 대목에서 소크라테스는 성품과 덕, 더 나아가 국가에 대해 논의할 때조차 피타고라스의 방식으로 이것들에 수, 기하학, 화음을 결합하기를 열망한다고 말합니다.

스키피오: 자네 말이 옳아. 그러나 나는, 투베로, 자네가 다음의 이야기를 들었다고 생각해. 소크라테스가 죽자 플라톤은 배우기 위해서[11] 처음에는 이집트로 갔고, 그다음에는 피타고라스가 발견한 것을 제대로 배우기 위해서 이탈리아와 시칠리아로 가서 타렌툼 출신의 아르퀴타스, 로크리 출신의 티마이오스와 많은 시간을 보냈으며, 필롤라오스의 저술을 손에 넣었지. 그 당시 그 지역에서는 피타고라스의 명성이 높았기 때문에, 플라톤은 피타고라스 학파와 그 학파의 연구에 헌신했지. 그리고 그는 소크라테스를 유별나게 좋아하고 모든 것을 소크라테스에게 돌리려고 했기에, 소크라테스의 재치와 말의 정교함에다가 피타고라스의 모호함과 다양한 학술의 심오함을 결합했지.

---

11 "causa"를 추가한다.

【11】 17. 스키피오는 이렇게 말했을 때, 루키우스 푸리우스가 불쑥 나타나는 것을 보자, 그에게 인사하고 몹시 다정하게 얼싸안은 다음 자기의 긴 의자에 앉혔다. 이 대화를 우리에게 전해 준 당사자, 푸블리우스 루틸리우스가 같이 오자, 그에게도 인사하고 투베로 옆에 앉으라고 했다.

필루스[푸리우스]: 무엇을 논의하고 있었습니까? 우리가 불쑥 나타나서 당신들 대화가 중단된 건 아니겠지요?

스키피오: 전혀 아니네. 자네는 투베로가 조금 전에 묻기 시작한 그런 종류의 문제를 열심히 탐구하곤 했지. 사실 우리 친구인 루틸리우스조차 누만티아의 성벽 아래에서 가끔 이런 문제를 나와 토론하곤 했네.

필루스: 토론 주제는 무엇이었나요?

스키피오: 그건 저 두 개의 태양이었지. 필루스, 나는 이에 대해서 자네의 생각을 듣고 싶어.

【12】 18. 스키피오가 이렇게 말하고 나니 노예가 와서 라일리우스가 이미 집을 떠나 이리로 오고 있다고 알려 주었다. 그러자 스키피오는 신발을 신고 옷을 입은 다음 방에서 나와 주랑을 잠시 거닐다가 막 도착한 라일리우스에게 인사했다. 그리고 함께 온 자들—스키피오가 특히 좋아한 스푸리우스 뭄미우스, 라일리우스의 사위이자 박식한 청년이자 재무관으로 선출될 나이[약 30세]에 이미 도달한 가이우스 판니우스와 퀸투스 스카이볼라—과도 인사했다. 스키피오는 그들 모두와 인사하

고 나서 주랑으로 돌아가 라일리우스를 한가운데에 앉혔다. 왜냐하면 그들의 우정에는 일종의 규칙—전시에는 라일리우스가 아프리카누스를 전쟁에서의 탁월한 영광 때문에 신처럼 숭배하고, 반대로 평화 시에는 스키피오가 라일리우스를 나이가 더 많아서 부친처럼 존경한다는 규칙—이 있었기 때문이다. 그들은 주랑을 여기저기 거닐면서 서로 몇 마디 대화를 나누었다. 스키피오는 그들이 와서 매우 기쁘고 즐거웠다. 겨울이어서 그들은 볕이 가장 잘 드는 작은 풀밭에 함께 앉기로 했다. 그들이 이렇게 하려고 하는데, 그들 모두에게 사랑받고 유쾌한 사람, [법에] 정통한 마니우스 마닐리우스가 불쑥 나타났다. 그는 스키피오와 다른 사람들의 매우 다정한 인사를 받고 나서 라일리우스 곁에 앉았다.

【13】 19. 필루스: 이분들이 오셨으니 우리가 대화 주제를 바꿀 것이 아니라 지금 논의를 좀 더 상세히 하여 이분들이 들을 만한 것을 말해야 할 것 같습니다.

라일리우스: 자네들의 논의 주제가 뭐였나? 우리가 어떤 대화를 중단시켰나?

필루스: 스키피오님은 두 개의 태양이 보인 분명한 사실에 대해 저의 생각이 무엇인지를 저에게 물었습니다.

라일리우스: 필루스, 그게 정말인가? 우리가 우리 집들과 국가와 관련된 논의를 이미 마쳤나? 하늘에서 무슨 일이 일어나는지 우리가 묻고 있으니 말이네.

필루스: 당신은 집—우리 집의 벽으로 둘러싸인 집이 아니라 신들이 우리에게 공동의 거처이자 공동의 조국으로 준, 이 세상 전체인 집—에서 무슨 일이 진행되고 무슨 일이 일어나는지 아는 것이 우리 집과 관련이 있다고 생각하지 않으십니까? 왜냐하면 특히 우리가 이런 것[천체 현상]을 모른다면, 중요한 많은 것을 모를 수밖에 없으니까요. 더군다나 자연 현상에 대한 인식과 고찰은 맹세코, 라일리우스님, 당신과 지혜를 갈망하는 모든 사람에게 기쁨을 주듯이, 저에게도 기쁨을 줍니다.

20. 라일리우스: 나는 [지금 논의하는 것을] 반대하지 않아. 특별히 축제일이니까. 그런데 우리가 들을 수 있는 게 아직 남아 있나 아니면 우리가 너무 늦게 왔나?

필루스: 아직까지 논의된 게 전혀 없습니다. 논의가 시작되지 않았으니, 라일리우스님, 당신께서 이 주제를 논의하시도록 당신께 기꺼이 양보하겠습니다.

라일리우스: 아니네. 오히려 자네 말을 들어 보세. 혹시라도 각 태양이 이전에 점유한 대로 하늘을 점유하라는 특시명령[12]을 두 개의 태양에 내려야 한다고 마닐리우스가 생각하지 않는다면 말이야.

마닐리우스: 라일리우스님, 바로 당신께서 출중하신 분야인 학술[법학]—무엇이 자기 것이고 무엇이 남의 것인지 알 수

---

12 특시명령(interdictum)은 법무관이 두 소송 당사자 중 일인에게 소유권이 결정날 때까지 재산 사용을 임시로 허가한 명령이다.

있게 하는 학술—을 계속 비웃으십니까? 하지만 이는 나중에 논의하고, 지금은 필루스의 말을 들어보죠. 제가 알고 있듯이, 사람들은 더 중요한 문제에 대해서 저나 푸블리우스 무키우스보다 필루스에게 자문을 구했습니다.

【14】21. 필루스: 제가 여러분에게 제시할 것은 새로운 것도, 제가 생각하거나 발견한 것도 아닙니다. 저는 기억합니다. 여러분도 알다시피 매우 박식한 사람, 가이우스 술피키우스 갈루스가 우연히 동료 집정관 마르쿠스 마르켈루스 집에 있었을 때, 같은 현상[일식]을 보았다고 말했습니다[기원전 166년]. 그는 천구의를 가져다 달라고 요청했는데, 그것은 마르쿠스 마르켈루스의 조부가 시라쿠사—매우 부유하고 화려하게 장식한 도시—를 점령했을 때[기원전 212년] 수많은 전리품 중에서 자기 집으로 가져온 유일한 것이었습니다. 저는 아르키메데스의 영광 때문에 이 천구의의 이름을 너무나 자주 들었음에도, 그것의 겉모습에 크게 놀라지 않았습니다. 왜냐하면 같은 아르키메데스가 만들고 [조부인] 같은 마르켈루스가 덕의 신전에 바친 다른 천구의가 더 아름답고 대중적으로 더 유명했기 때문입니다. 22. 그러나 갈루스가 이 장치를 매우 전문적으로 설명하기 시작했을 때, 저는 인간 본성이 가져다줄 수 있어 보이는 것보다 더 많은 재능이 저 시칠리아인[아르키메데스]에게 있다고 판단했습니다. 갈루스가 말했듯이, 속이 꽉 차고 단단한 다른 천구의는 오래전에 발명된 것인데, 밀레토스의 탈레스가 최초로 만

들었고, 이후 플라톤의 제자로 알려진 크니도스의 에우독소스가 그 위에 하늘의 붙박이별들을 표시했습니다. 수십 년 후 아라토스는 천문학적 지식을 활용하지 않고 어떤 시적 재능을 발휘하여 에우독소스한테서 받아들인 저 천구의의 모든 배치와 표시를 시[13]로 표현했습니다. 그러나 태양과 달의 운동뿐만 아니라 행성과 떠돌이별로 명명되는 다섯 별[수성, 금성, 화성, 목성, 토성]의 운동도 포함하는 이 새로운 천구의를 저 단단한 천구의로는 구현할 수 없었습니다. 더군다나 서로 다른 속도로 움직이는 불균등하고 다양한 궤도들을 어떻게 하나의 회전으로 유지하는지를 아르키메데스가 고안해 냈기 때문에 그의 발명은 경탄 받아 마땅합니다. 갈루스가 이 천구의를 움직이자, 달은 하늘에서 태양의 뒤를 따라간 날짜만큼 청동 천구의에서 회전하며 태양의 뒤를 따라갔고, 그 결과 하늘에서 생긴 것과 같은 일식이 천구의에서도 생겼습니다. 그리고 태양이 맞은편에 …… 때, 달이 지구의 그림자인 공간으로 들어가서[월식] 【***】

【15】 23. 스키피오: 【***】였는데, 왜냐하면 나 자신이 그 사람[갈루스]을 좋아했고, 특히 나의 생부이신 파울루스께서 그를 마음에 들어했고 좋아했다는 사실을 알았기 때문이네. 내가 기억하기로는 내가 상당히 젊었을 때, 생부께서 마케도니

---

13 아라토스의 『현상(Phaenomena)』.

아 총독이었을 때, 내가 진영에 있었을 때, 우리 군대는 미신과 공포로 인해서 동요했네. 왜냐하면 맑은 밤에 밝은 보름달이 갑자기 사라졌기 때문이라네[기원전 168년 6월 21일]. 집정관으로 선포되기 거의 1년 전에 우리 군의 천인대장인 그[갈루스]는 다음 날 진영에서 주저 없이 이것은 기이한 현상이 아니라, 태양빛이 달에 닿을 수 없는 곳에 태양이 위치할 때 일어난 현상이고 특정 시점에 늘 일어나는 현상이라고 공개적으로 알려주었네.

투베로: 정말입니까? 그가 촌사람이나 다름없는 사람들에게 이것을 알려줄 수 있었고, 무지한 자들 앞에서 감히 말했단 말입니까?

24. 스키피오: 참으로 그는 그랬네. 큰 …… 과 함께【***】

스피키오: 【***】과도한 과시도【아니었고】매우 위엄 있는 인물에게 안 어울리는 말도 아니었네. 그[갈루스]는 위대한 업적을 이루었는데, 왜냐하면 동요에 빠진 사람들로부터 헛된 미신과 두려움을 물리쳤기 때문이네.【16】25. 그리고 이런 현상은 아테네인들과 라케다이몬인들이 서로 간에 총력전을 벌인 대전[大戰, 펠로폰네소스 전쟁] 기간에도 일어났네. 자기 나라[아테네]에서 제일가는 권위와 웅변, 슬기를 지닌 페리클레스는, 태양이 사라져 갑자기 어두워지자[기원전 431년 8월 3일] 아테네인들의 마음이 극도로 두려움에 사로잡혔을 때, 스승인 아

낙사고라스한테서 직접 배운 것을 자기 나라 시민들에게 알려주었다고 하네. (이런 현상은 달 전체가 태양의 궤도로 들어간 특정 시점에 반드시 일어나며, 삭월마다 일어나는 건 아니지만 삭월이 아니면 일어날 수 없다네) 그가 설명하고 이유를 대서 이것을 알려주자 인민은 공포에서 벗어났네. 왜냐하면 달이 태양 앞을 가로막아 일식이 일어나곤 한다는 설명은 그 당시에는 새롭고 알려지지 않아서라네. 밀레토스의 탈레스가 이를 최초로 알았다고 하네. 나중에 우리의 엔니우스도 이를 알아차렸는데, 왜냐하면 로마가 건국된 지 약 350년 후[기원전 401년] "6월 5일[14]에 달과 밤이 태양을 가렸다"[15]라고 썼기 때문이라네. 이 주제에 관한 지식과 계산은 상당히 정확해서, 우리가 아는 엔니우스의 작품과 대제관 연대기[16]에 기록된 날로부터 로물루스가 지배한 시절인 7월 7일까지, 이전의 일식 날짜들이 계산되었네. 일식의 어둠 기간에 로물루스가 자연사했지만[기원전 714년], 그는 자신의 덕으로 인해 하늘로 올려졌다고 하네.

【17】 26. 투베로: 아프리카누스님, 외삼촌께서 좀 전에 달리 생각한 것이 …… 임을 보지 않습니까? 【***】

---

14 역사적으로는 기원전 400년 6월 21일.

15 엔니우스, 『연대기』, 단편 166.

16 대제관 연대기(maximi annales)는 대제관들이 주요 정무관들의 이름과 천문 현상 등을 기록한 연대기이다.

스키피오: 【***】 다른 사람들이 보는 것을……. 게다가 이 신들의 왕국을 관조한 사람이 인간사 가운데 무엇이 대단하다고 생각하겠는가? 무엇이 영원한지 아는 사람은 무엇이 오래 지속한다고 생각하겠는가? 땅—우선 땅 전체, 그다음 사람들이 거주하는 땅 일부—이 얼마나 작은지 아는 사람에게, 또 우리가 대부분의 종족에게 전혀 안 알려진 채 굉장히 비좁은 땅 일부에 갇혀 있는데도 불구하고 우리의 이름이 날아가서 매우 널리 퍼지는 것이 우리의 희망임을 아는 사람에게 무엇이 영광스럽겠는가? 27. 그런데 농지, 건물, 가축, 엄청나게 많은 금은의 향유가 시시해 보이고, 그것들의 사용이 보잘것없어 보이며, 그것들의 소유는 불확실해 보이고, 종종 최악인 사람들이 점유한 것이 어마어마해 보이기 때문에, 평소에 그런 것들이 좋다고 생각하지도 부르지도 않을 사람은 얼마나 운 좋은 사람으로 여겨져야만 하는가? 그 사람만이 모든 것을 자기 것이라고 참되게 주장할 수 있네. 퀴리테스들[로마 시민들]의 법이 아니라 현자들의 법에 따라서, 또 시민 간의 채무 계약이 아니라 보편적인 자연법—어떤 것을 다루고 사용할 줄 아는 사람 이외에는 그것을 갖지 말라는 법—에 따라서 말이네. 그 사람은 우리의 대권과 집정관직을 바랄 만한 것이 아니라 불가피한 것으로, 또 보상이나 영광을 위해서 추구해야 하는 것이 아니라 임무 수행을 위해서 맡아야만 하는 것으로 생각하네. 마지막으로 그 사람은, 카토님께서 쓰신 것처럼, 나의 조부이신 아프리카누스님

께서 평소에 하신 말씀—아무 일도 안 할 때보다 더 많은 일을 한 적이 절대 없고, 홀로 있을 때보다 덜 홀로인 적이 절대 없다—을 자기에 대해서도 똑같이 말할 수 있네. 28. 온갖 방식을 동원해 자기 시민들한테서 자유를 빼앗은 디오뉘시오스가, 그의 시민 아르키메데스—아무 일도 안 하는 것처럼 보이는데도 좀 전에 언급한 천구의를 만든 자—보다 많은 일을 했다고 참으로 누가 생각할 수 있겠는가? 군중이 많은 광장에서 대화하고 싶은 상대가 없는 자들이, 곁에 아무도 없는데도 자기 자신과 대화를 나누는 사람들보다 또는 매우 박식한 사람들의 발견과 저술에서 기쁨을 느끼기에 그들의 모임에 참석한 것처럼 행하는 사람들보다 홀로 있지 않다고 누가 생각할 수 있겠는가? 본성이 요구하는 것을 전부 갖춘 자보다 더 부유한 자가 있다고, 자신이 추구한 것을 모두 이룬 자보다 더 강력한 자가 있다고, 마음의 모든 격정에서 해방된 자보다 더 행복한 자가 있다고, 속담에 이르듯이 난파선에서 자기가 가지고 나올 수 있는 것들을 소유한 자보다 더 확실한 운을 가진 자가 있다고 누가 생각할 수 있겠는가? 어떤 대권, 어떤 정무관직, 어떤 왕국이, 모든 인간사를 경멸하고 지혜보다 하찮게 여기며 영원하고 신적인 것만을 골똘히 생각하는 사람보다 더 뛰어날 수 있겠는가? 그는 인문학적 교양을 갖춘 자들만 사람이고, 나머지 사람들은 사람으로 불릴 뿐이라고 확신하네. 29. 내가 보기에 플라톤의 말 혹은 다른 누군가[아리스티포스]의 말이 매우 맞네. 폭풍이 그를 먼바다에서 황량한 해안에 있는 미지의 땅으로 옮겼을 때, 다른 사람들은 그 지역을 몰라서 두려워했지만, 그는 모래에 새겨진 어떤 기하학적 도형에 주목했다고 하네. 그는 그 도형을 보자 희망을 가지라고 외쳤는데. 왜냐하면 인간의 자취를 알아차렸기 때문이라네. 분명히 그는 인간의 자취를 토지의 경작에서 알아낸 게 아니라 배움의 흔적에서 추론해 냈네. 그렇기 때문에 투베로여, 항상 학식이 있는 자들과 배움과 자네의 학문이 나를 즐겁게 했네.

【18】 30. 라일리우스: 스키피오, 나는 이 논변에 대해 감히 답하지 않겠네. 자네나 필루스나 마닐리우스나 …… 않네. 【***】

라일리우스: 【***】 우리의 친구이자 그[투베로]가 본받을 만하고, "굉장히 총명하고 영리한 사람, 아일리우스 섹스투스"[17]는 그[투베로]의 부친과 같은 씨족이었네. 엔니우스는 섹스투스가 "굉장히 총명"하고 "영리"하다고 말했네. 왜냐하면 섹스투스는 결코 답할 수 없는 것을 질문해서가 아니라 질문자들의 근심과 걱정을 덜어 주는 대답을 했기 때문이라네. 그는 갈루스의 학문[천문학]에 반대하는 논의를 할 때, 『이피게니아』의 등장인물인 아킬레우스의 말을 항상 입에 달고 있었다네.

---

17 엔니우스, 『연대기』, 단편 326.

천문학자들이 하늘의 별자리를 관찰하는 이유는 뭘까?

암염소나 전갈이나 어떤 짐승의 이름이 나타날 때,

아무도 자기 발 앞에 있는 것은 보지 않고 하늘의 구역

들을 샅샅이 살핀다.[18]

그는 (나는 자주 그의 말을 기쁘게 듣곤 했네) 파쿠비우스의 제토스가 배움에 너무 적대적이라고 말하곤 했네. 오히려 엔니우스의 네오프톨레모스가 그를 더 기쁘게 했네. 네오프톨레모스는 "나는 철학을 하고 싶지만 조금만 하고 싶다. 왜냐하면 철학이 완전히 마음에 든 건 아니기 때문이다"[19]라고 말했다네. 그런데 희랍인들의 학문이 여러분을 매우 기쁘게 하더라도, 더 자유인답고 더 널리 적용되는 다른 학문들도 있다네. 우리는 그 학문들을 일상생활이나 나랏일에 적용할 수 있네. 실제로 여러분의 학술에 어떤 가치가 있다면, 이런 가치가 있네. 소년들이 더 중요한 것을 더 쉽게 배울 수 있도록 그들의 지성을 조금 더 예리하게 하고 자극하는 가치 말일세.

【19】 31. 투베로: 라일리우스님, 당신의 말씀에 동의합니다. 다만 당신께서 무엇을 더 중요하다고 여기는지 묻고자 합니다.

라일리우스: 맹세코, 나는 말하겠네. 자네가 스키피오에게

---

18 엔니우스, 『이피게니아』, 단편 249~251.

19 엔니우스, 위치가 불확실한 단편 400.

천체 현상을 질문한 반면 나는 눈앞에 보이는 것을 더 많이 질문해야만 한다고 생각하기 때문에 자네한테 무시당할 것 같네. 루키우스 파울루스의 외손자이자 여기 있는 스키피오의 조카이자 매우 고귀한 가문과 저명한 이 국가에서 태어난 자[투베로]가, 어떻게 두 개의 태양이 보이는지는 물으면서, 왜 지금 한 국가에 두 원로원과 거의 두 인민이 있는지는 묻지 않는가? 여러분도 알다시피 티베리우스 그라쿠스의 죽음, 그전에 있었던 그의 호민관직의 모든 정책이 하나의 인민을 두 부분으로 나누었네. 스키피오를 비방하고 시기하는 자들은 푸블리우스 크라수스와 아피우스 클라우디우스에서 시작되었는데, 그들이 죽고 나서도 여전히 원로원의 한 부분—퀸투스 메텔루스와 푸블리우스 무키우스가 주도하고 여러분과 대립하는 부분—을 장악하고 있네. 동맹시들과 라틴인들은 동요하고, 조약은 깨지고, 매우 선동적인 3인관[20]은 매일 새로운 일을 꾀하고, 좋은 사람들[귀족]이자 부유한 사람들은 절망에 빠졌는데도, 스키피오를 비방하는 자들은 그토록 위험한 상황을 유일하게 타개할 수 있는 스키피오가 이 일을 하지 못하게 막네. 32. 그렇기 때문에 젊은이들이여, 여러분이 내 말을 듣는다면, 두 번째 태양을 두려워하지 말게. 왜냐하면 두 번째 태양은 있을 수 없거나, 해를 끼

---

20 3인관(trivumviri)은 티베리우스 그라쿠스가 세운 토지 재분배 위원회의 성원(티베리우스 그라쿠스, 가이우스 그라쿠스(동생), 아피우스 클라우디우스 풀케르(장인))이다.

치지 않는 한 그것이 보이는 대로 있다고 해도 우리는 그런 것에 대해 전혀 알지 못하거나, 그런 것에 대해 아주 많이 알더라도 우리는 그런 지식 덕분에 더 좋아질 수도 더 행복해질 수도 없기 때문이라네. 참으로 하나의 원로원과 하나의 인민을 갖도록 하세. 이는 실현될 수 있네. 실현되지 않는다면 우리는 무척 괴로울 것이네. 우리는 현 상황이 그렇지 않다는 것을 알고 있네. 그 일이 이루어진다면, 우리가 더 좋고 더 행복하게 살게 되리라는 것도 알고 있네.

【20】 33. 무키우스: 그러면 라일리우스님, 당신께서 요청하신 것을 이루어내기 위해서 우리가 무엇을 배워야 한다고 생각합니까?

라일리우스: 우리를 나라에 유용한 자로 만드는 학술이네. 왜냐하면 내 생각에는 그것이 지혜의 가장 빛나는 임무이고 덕의 최고 증명 또는 의무이기 때문이라네. 그렇기 때문에 우리가 특히 이번 축제일에 국가에 매우 유익할 대화를 하면서 보내도록, 스키피오가 나라의 최선의 정체를 무엇이라고 생각하는지 그에게 설명해달라고 요청하세. 그런 다음에 다른 주제들을 살펴보세. 우리가 이것들을 알고 나면, 나는 체계적으로 현 상황의 논의에 도달하여 현재 당면한 문제를 해결하리라고 기대하네.

【21】 34. 필루스와 마닐리우스와 뭄미우스가 이에 완전히 동의하자【***】

라일리우스: 【***】 나는 ……이 이루어지기를 바랐네. 왜냐하면 누구보다도 국가의 지도자가 국가에 관해서 말하는 것이 마땅했을 뿐만 아니라 내가 기억하건대 자네는 평소에 폴뤼비오스 앞에서 파나이티오스—두 분 다 희랍인이고 정치 전문가라네—와 매우 자주 토론하고 많은 논변을 모아서 우리 조상들이 우리에게 물려준 정체가 월등하게 나라의 최선의 정체라고 알려주기도 했기 때문이라네. 이 논의에 대해서는 자네가 더 많은 준비를 했으니 — 나는 여기 있는 자들을 대신해서 말하건대 — 국가에 대해 자네가 생각하는 바를 밝힌다면, 자네는 우리 모두에게 고마운 일을 하게 될 것이네.

【22】 35. 스키피오: 라일리우스, 자네가 나에게 제안한 주제보다 평소에 더 치열하고 더 부지런히 생각한 주제가 있다고 나는 말할 수 없네. 나는 자기 분야의 일에서 참으로 탁월한 각각의 기술자가 그 분야에서 더 뛰어날 것만 생각하고 궁리하고 마음 쓴다는 것을 알기 때문에, 또 나의 부모님과 조상들께서 나에게 한 가지 일—국가의 관리와 통치—을 물려주었기 때문에, 매우 사소한 기술에 들인 기술자들의 노력보다 매우 중요한 기술에 들인 나의 노력이 적었다면, 여느 기술자보다 내가 더 게으른 자임을 인정하지 않겠는가? 36. 그런데 최고이자 가장 지혜로운 희랍인들이 이 문제에 관해서 우리에게 남긴 저술에 나는 만족하지 않음에도, 감히 그들의 생각보다 나의 생각을

좋게 여기지 않네. 그렇기 때문에 여러분이 내 말을 듣고 나를 다음과 같은 사람으로 여겨주기 바라네. 나는 희랍인들의 것에 전혀 무지하지 않고, 특히 이 주제에서 그들의 것을 우리 것보다 우선시하지 않으며, 오히려 로마 시민 중 한 사람으로 부친의 열성 덕분에 자유인답게 가르침을 받았고, 어려서부터 배우려는 열의가 불타올랐지만, 책보다는 경험과 가훈을 통해서 훨씬 더 교육받은 사람이라네.

【23】 37. 필루스: 맹세코, 스키피오님, 당신께서는 재능에서도 가장 앞서고, 국가의 중대사의 경험에서도 모든 사람을 쉽게 능가한다는 점을 저는 의심하지 않습니다. 게다가 우리는 당신께서 항상 어떤 학문을 좋아하는지 알고 있습니다. 따라서 당신께서 말씀하듯이, 저 학문[정치학]이나 저 기술[정치술]에도 마음을 쏟으셨다면, 저는 라일리우스님께 매우 큰 감사를 드립니다. 왜냐하면 저는 희랍인들[21]의 모든 저술보다 당신께서 하실 말씀이 훨씬 더 풍부하리라고 기대하기 때문입니다.

스키피오: 자네는 내 말을 굉장히 기대하는군. 기대는 중요한 주제에 대해서 말하려는 자에게 매우 큰 부담일세.

필루스: 기대가 아무리 클지라도, 당신께서는 평소처럼 기대를 이겨내실 겁니다. 왜냐하면 당신께서 국가에 대해 논의하실 때 할 말이 없을 위험이 없기 때문입니다.

---

21 "nobis" 대신에 "hominibus"로 읽는다.

【24】 38. 스키피오: 가능한 한 나는 여러분이 원하는 것을 하겠네. 그리고 내가 믿는 규칙에 따라서 토론을 시작하겠네. 오류를 피하고 싶으면 모든 주제의 논의에 사용해야만 하는 규칙, 탐구할 주제의 이름이 합의되면 그 이름의 의미를 설명해야 한다는 규칙말이네. 이것이 합의되고 나서 대화를 시작하는 것이 적절하겠지. 왜냐하면 먼저 논의할 주제가 무엇인지 이해되지 않으면, 그 주제가 어떤 것인지 결코 이해할 수 없기 때문이지. 그러므로 우리는 국가에 대해 탐구하기 때문에, 우리가 탐구하는 것이 무엇인지 먼저 살펴보세.

라일리우스가 동의했다.

스키피오: 나는 너무나 유명하고 널리 알려진 주제에 대해 논의하겠지만, 박식한 사람들이 이 주제에서 흔히 사용하는 기원—먼저 남녀의 결합에서, 그다음 자손과 친척에서 시작하는 것—으로 돌아가지 않겠네. 또한 각각의 것이 무엇인지, 얼마나 다양한 방식으로 말해지는지 자주 말로 정의하지 않겠네. 나는 전시든 평화 시든 국가의 중대사에서 최고의 영광을 얻은 현명한 분들 앞에서 말하기 때문에, 나의 말이 내가 논의하는 주제보다 더 돋보이는 우를 범하지 않겠네. 실로 나는 모든 것을 낱낱이 설명하는 교사처럼 이 일을 떠맡지 않았고, 이 대화에서 사소한 어떤 부분도 빠뜨리지 않겠다고 약속하지 않네.

라일리우스: 나는 자네가 약속하는 그런 종류의 말을 바로 기대하네.

【25】39. 스키피오: 그렇다면 국가는 인민의 것이네. 그런데 인민은 어떤 식으로든 군집한 인간들의 온갖 모임이 아니라 법에 대한 동의와 유익의 공유로 하나가 된 다수의 모임이네. 이렇게 모인 첫 번째 이유는 허약함이라기보다는 인간의 어떤 자연적인 군집성이라네. 인류는 홀로 있지 않고 혼자 돌아다니지 않으며, 오히려 모든 것이 풍요로운 상황에서 …… 않토록 인류는 탄생했네. 【***】

【26】41.[22] 스키피오: 【***】 어떤 씨앗들처럼 …… 나머지 덕들의 형성도 국가 자체의 형성도 발견되지 않을 것이네. 따라서 내가 설명한 이유 때문에 형성된 이 모임들은 특정 장소에 거처하고자 거주지를 최초로 정했네. 이를 자연 지형이나 인공적인 방벽으로 지켰고, 이러한 집들의 결합을 마을이나 도시라고 불렀으며, 신전과 공공장소를 따로 두었네. 그러므로 내가 설명한 것과 같은 다수의 모임인 모든 인민, 인민의 조직인 모든 나라, 내가 말한 대로 인민의 것인 모든 국가가 오래 지속되기 위해서는 어떤 심의[23]의 지배를 받아야 하네. 우선 심의

---

22 40절 생략.

23 'consilium'은 '심의'를 뜻하기도 하고, 소수의 귀족이 지닌 '슬기'를 뜻하기도 하며, 분노, 욕망 등과 대비되는 정신의 가장 좋은 부분인 '이성'을 뜻하기도 한다.

는 나라를 탄생시킨 이유와 항상 연관되어야 하네. 42. 그다음으로 심의는 일인이나 선택된 몇 명에게 부여되어야만 하거나, 다수, 즉 모두에 의해서 행사되어야 하네. 따라서 최고 지배권이 일인의 수중에 있을 때, 우리는 그 일인을 왕이라 부르고, 그 국가의 정체를 왕정이라 부르네. 최고 지배권이 선택된 자들의 수중에 있을 때, 그 나라는 귀족들 뜻대로 지배된다고 하네. 모든 것이 인민의 수중에 있을 때, 그 나라는 인민의 나라이네. ― 그렇게 불리기 때문이지 ― 나아가 세 종류의 나라 중 어느 하나가 최초로 국가라는 사회에서 인간들을 서로 결합하는 끈을 유지한다면, 그 나라가 완전하지 않고 내 생각에 가장 좋지 않아도 용인할 만하며, 그중 하나가 다른 것보다 우월할 수 있네. 공정하고 지혜로운 왕이든 선택된 제일 시민들이든 인민―셋 중 가장 인정받지 못하지―이든 불공정과 욕망을 결여한다면, 안정된 정체를 지닐 수 있을 것 같네.【27】 43. 그러나 왕정에서 왕을 제외한 모든 사람은 공동의 법과 심의에 거의 참여하지 못하고, 귀족들의 지배에서 다수는 모든 공동의 심의와 권력에서 배제되기 때문에 자유를 거의 누릴 수 없으며, 인민은 모든 일을 처리할 때 정의롭고 절도 있을지라도, 평등 자체는 불평등한데,[24] 왜냐하면 지위 등급을 전혀 인정하지 않기 때문

---

24 평등(aequabilitas)에는 산술적 평등과 비례적 평등이 있다. 산술적 평등은 무조건 똑같은 결과가 나오는 평등이고, 비례적 평등은 개인의 업적이나 능력에 비례하여 달리 적용하는 평등이다. 산술적 평등의 측면에서 평

이라네. 그래서 내가 보기에 페르시아의 유명한 퀴로스가 매우 정의롭고 매우 지혜로운 왕이었을지라도, 인민의 것—내가 앞서 말한 대로 국가—은 일인의 지시와 의지에 따라 지배되었기 때문에, 매우 바랄 만한 것은 아니었네. 이와 마찬가지로 선택된 제일 시민들이 우리의 피호민들인 마실리아인들을 매우 정의롭게 지배할지라도, 이런 상태에 있는 인민은 노예와 유사하네. 그리고 아테네인들이 아레이오스 파고스 의회로부터 권한을 빼앗고 나서 특정 시기에 인민의 결정과 결의를 통해서만 나랏일을 처리했을지라도, 그들의 나라는 뚜렷한 지위 등급을 인정하지 않았기 때문에 자신의 영광을 유지하지 못했네.【28】

44. 나는 혼란스럽고 뒤섞인 국가가 아니라 자신의 정체를 유지하는 세 종류의 국가에 대해서 이렇게 말하네. 각 세 종류의 국가에는 우선 내가 앞서 말한 결함들이 있고, 그다음으로 이와 관련된 다른 치명적인 결함들이 있네. 사실 각 세 종류의 국가에는 인접한 어떤 나쁜 것으로 향하는 길—가파르고 미끄러지기 쉬운 길—이 있네. 예컨대 견딜 만한 왕 또는 여러분이 원한다면 사랑스럽기도 한 왕—가장 저명한 사례로 언급하겠네—인 퀴로스 곁에 유명한 팔라리스가 있는데, 그는 제멋대로 자기 마음을 바꿀 수 있어서 매우 잔인했다고 하네. 일인의 지배는 경사진 쉬운 경로를 따라 팔라리스와 같은 지배로 추락할 것이

등한 것은 비례적 평등의 측면에서 불평등하다.

네. 그리고 마실리아의 소수인 제일 시민들의 나라 통치에 가까운 것은 한때 아테네를 통치했던 30인 과두정 당파의 공모[25]였네. 그리고 모든 것을 장악한 아테네 인민—다른 나라 사람들은 건너뛰겠네—의 권력은 다수의 광기와 방종으로 바뀌어【***】

【29】45. 스키피오: 【***】 가장 혐오스럽네. 그리고 이 정체[중우정]에서 귀족정이나 과두정이나 참주정이나 왕정이나 심지어 매우 자주 민주정이 생기고, 마찬가지로 민주정에서 내가 앞서 말한 정체 중 하나가 생기곤 하네. 그리고 국가에는 변화와 교대라는 놀라운 순환과 주기가 있네. 이러한 순환을 인식하는 것은 현자의 일이고, 국가를 위협하는 자들을 예견하는 것, 또 국가를 다스릴 때 경로를 잡고 통제하는 것은 어떤 위대한 시민이자 거의 신과 같은 사람의 일이네. 따라서 나는 네 번째 종류의 국가가 가장 인정받아야 한다고 생각하는데, 그것은 내가 처음에 말한 세 종류의 국가가 적절히 혼합된 것이라네.

【30】46. 라일리우스: 아프리카누스, 나는 이것이 자네의 견해라고 알고 있네. 왜냐하면 나는 자네한테서 이것을 자주 들었기 때문이지. 하지만 괜찮다면 나는 자네가 국가의 세 가지 종류 중 무엇을 최선이라고 여기는지 알고 싶네. 왜냐하면 이는 【***】 어느 정도 도움이 될 거니까.

25　30인 과두정 당파의 공모는 기원전 404년~기원전 403년에 있었던 30인 참주정을 말한다.

【31】 47. 스키피오: 【***】 그리고 각 국가는 국가 지배자의 본성이나 의지와 유사하네. 따라서 인민이 최고 권력을 갖는 나라를 제외한 그 밖의 나라에 자유의 거처란 없네. 확실히 어떤 것도 자유보다 달콤할 수 없고, 자유는 평등하지 않으면 자유가 아니네. 게다가 모든 사람이 말로만 자유로운 나라―노예 상태가 숨겨지지도 의심스럽지도 않은 왕정에 대해 언급하지 않겠네―에서 자유가 어떻게 평등할 수 있을까? 그들은 투표하고, 군사령관과 정무관을 뽑고, 유세를 듣고 지지를 요청받네. 그렇지만 그들은 주고 싶지 않아도 줄 수밖에 없는 권력을 주고, 다른 사람들은 그들이 갖고 있지 않은 권력을 달라고 요청하네. 사실 그들은 대권과 국가의 심의, 선택된 심판인들의 재판에 참여하지 못하는데, 이것들은 오래된 가문이나 재산에 근거해서 부여되기 때문이라네. 그러나 로도스인들, 아테네인들과 같은 자유 인민 중에서 [공직에 참여할 수 없는] 시민은 아무도 없네. 【***】

【32】 48. 스키피오: 【***】 더 부유하고 더 영향력 있는 일인 혹은 몇 명이 인민에서 나올 때, [민주정 지지자들은] 겁 많은 약자들이 부자들의 교만함에 굴복하여 엎드리자 부자들의 혐오감과 오만함에서 그 결함들[26]이 생겨났다고 말하네. 그러나

---

26 "regna" 대신에 "vitia"로 읽는다.

인민이 자기의 권리를 유지한다면, 인민이 법률, 재판, 전쟁, 평화, 조약, 각자의 목숨, 재산의 주인이기 때문에, 그들은 이보다 더 뛰어나고 더 자유롭고 더 행복한 것은 없다고 말하네. 그들은 이것만이 국가—인민의 것—로 불리는 게 옳다고 생각하네. 그래서 그들은 인민의 것이 왕이나 원로원 의원들의 지배에서 해방되는 일은 흔하다고, 또 자유 인민은 왕이나 귀족들의 권력과 부를 추구하지 않는다고 생각하네. 49. 게다가 그들은 길들여지지 않는 인민의 결함 때문에 모든 종류의 자유 인민이 거부되어서는 안 된다고 주장하네. 왜냐하면 인민이 화합하고 모든 것의 목표를 자기의 안전과 자유에 두는 것보다 더 불변하고 더 확고한 것은 없기 때문이네. 게다가 그들은 모두가 같은 이익을 공유하는 국가에서 화합은 매우 쉽게 이루어지지만, 이로운 것이 사람마다 다를 때 유익의 다양함에서 불화가 생긴다고 주장하네. 그래서 원로원 의원들이 정권을 잡을 때, 나라의 정체는 결코 유지되지 않았네. 그것은 왕정에서 훨씬 더 유지되지 않았네. 엔니우스가 말하듯이, 왕정에는 "신성한 사회도 신의도 없기"[27] 때문이라네. 따라서 법률이 시민 사회의 끈이고, 법률적으로 권리는 평등하므로, 시민들의 지위가 같지 않을 때 시민들의 사회는 무슨 권리로 유지될 수 있을까? 재산의 평등이 마음에 들지 않고, 모든 사람의 재능이 같을 수 없다면,

---

27   엔니우스, 제목을 알 수 없는 극의 단편 402~403.

확실히 같은 국가에서 시민들의 권리는 서로 같아야 하네. 나라가 권리를 지닌 [시민들의] 사회가 아니라면 무엇일까? 【***】

【33】 50. 스피키오: 【***】 [민주정 지지자들은] 참으로 민주정 이외의 국가들이 불리고 싶은 이름으로 불려서는 안 된다고 생각하지. 내가 왜 지배와 독재를 욕망하는 사람을, 억압받는 인민을 지배하는 사람을 참주가 아니라 왕—최고의 신 유피테르의 호칭—이라고 불러야 할까? 사실 왕이 무자비할 수 있는 만큼, 참주는 자비로울 수 있네. 그래서 친절한 주인을 섬기는지 혹은 가혹한 주인을 섬기는지는 인민마다 다르지만, 어쨌든 인민은 주인을 섬기지 않을 수 없네. 게다가 라케다이몬은 국가의 규율이 탁월하다고 여겨지는 시기에, 왕가의 혈통에서 태어난 자를 왕으로 삼아야 했는데도, 정의롭고 좋은 왕을 어떻게 확보할 수 있었을까? 한편 인민의 동의가 아니라 자신들의 선거를 통해서 귀족의 이름을 참칭하는 귀족들을 누가 용납하겠는가? 저 사람이 어떻게 최선자라고 판단될까? 내가 듣기로는 "배움, 기술, 학문에 의해서"라네. 때 【***】

【34】 51. 스키피오: 【***】 [국가가 지배자를] 우연히 뽑는다면, 승객 중 추첨으로 뽑힌 자가 조종하는 배만큼 빨리 [국가는] 전복될 것이네. 그러나 자유 인민이 자기 일을 맡아볼 자들을 선발하고 안전하길 원하는 한 최선자들을 선발한다면, 확실히

나라의 안녕은 최선자들의 심의에 달려 있네. 특히 덕과 정신에서 최고인 자들이 열등한 자들을 다스리기 마련이고 열등한 자들도 최고인 자들에게 기꺼이 복종하기 마련이기 때문이네. 그러나 [귀족정 지지자들은] 이 최선의 정체가 사람들의 잘못된 의견에 의해서 전복되었다고 말하네. 왜냐하면 사람들은 덕—소수가 갖고 있고 소수에 의해서 판단되고 알아차리게 되는 것—에 무지하여 때로는 부유하고 재산이 많은 사람들을, 때로는 고귀한 가문 출신인 사람들을 최선자라고 생각하기 때문이네. 대중의 이런 오류로 인해서 덕이 아니라 소수의 부가 국가를 통제하기 시작했을 때, 소수의 지도자들이 최선자라는 이름을 굳건히 유지하지만, 실제로 최선자는 아니라네. 왜냐하면 재산과 명성, 영향력은 슬기와 삶의 방법, 타인에게 명령하는 방법이 없으면 불명예와 무례한 오만으로 가득 차고, 매우 부유한 자들을 최선자라고 생각하는 나라보다 더 기형적인 나라의 모습은 없기 때문이네. 52. 그러나 덕이 국가를 다스릴 때보다 무엇이 더 뛰어날 수 있겠는가? 그때는 다른 사람들에게 명령하는 자가 욕망을 섬기지 않고, 시민들에게 추천하고 가르치는 모든 것을 갖추고 있으며, 자기가 복종하지 않을 법률을 인민을 위해서 제정하지 않고, 오히려 자기 삶을 자기 시민들에게 법률처럼 제시하네. 일인이 모든 것을 충분히 성취할 수 있다면, 더 많은 사람이 필요 없었을 것이네. [시민] 전체가 최선의 것을 보고 이에 동의할 수 있다면, 아무도 선택된 제일 시민들을 찾지 않았을 것이네. 정책 결정의 어려움으로 인해서 주도권이 왕에서 몇 명에게 넘어갔고, 인민의 오류와 무분별로 인해서 주도권이 다수에서 소수에게 넘어갔네. 그래서 귀족들은 일인의 허약함과 다수의 무분별 사이에서 중간 입장을 취했는데, 이보다 더 중도적인 것은 있을 수 없네. 귀족들이 국가를 돌볼 때, 인민은 가장 행복할 수밖에 없네. 왜냐하면 인민은 자기의 여가를 다른 사람들—그들은 인민의 여가를 돌보아야 하고, 인민이 제일 시민들에 의해서 자기 이익이 무시당한다는 생각을 하지 못하게 해야 하네—에게 맡기고 나서 모든 근심 걱정에서 벗어나기 때문이네. 53. 다른 한편 자유 인민이 무척 좋아하는 법 앞의 평등은 보존될 수 없네. 왜냐하면 인민은 구속받지 않고 고삐 풀려 있을지라도 많은 사람에게 많은 특권을 부여하고, 특정한 사람들과 특정한 지위들을 크게 선호하기 때문이라네. 평등이라 불리는 것도 매우 불평등하네. 왜냐하면 최상층과 최하층—모든 인민 가운데 반드시 있는 계층—에게 같은 명예가 주어질 때, 평등 자체는 매우 불평등하기 때문이라네. 그러나 최선자들이 지배하는 나라에서 이런 일은 일어날 수 없네. 라일리우스, 이 논변과 이와 같은 논변을 제시하곤 하는 자들이 이런 국가를 가장 많이 칭송하는 자들이라네.

【35】 54. 라일리우스: 스키피오, 자네는 저 세 종류의 국가 중 무엇을 가장 인정하는가?

스키피오: 세 종류의 국가 중 내가 어느 것을 가장 인정하

는지 자네가 제대로 물었네. 왜냐하면 나는 그것들 중 어느 것도 그 자체로 분리해서 인정하지 않고, 그것들 모두가 융합된 것을 그것들 하나하나보다 선호하기 때문이라네. 그러나 하나의 단일한 것을 인정해야 한다면, 나는 왕정을 인정할 것이네. 이 지점에서 【***】라고 불리고, 왕의 이름은 거의 아버지의 이름처럼 보이네. 왜냐하면 왕은 자기 시민들을 자기 자식들처럼 돌보고 최고이자 최선인 일인의 보살핌으로 부양받아 【***】 하기보다는 그들을 더 열심히 보호해주기 때문이네. 55. 귀족들도 있네. 그들은 자기가 같은 일은 더 잘한다고 공언하고, 일인보다 몇 명에게 더 많은 슬기가 있을 거라고 주장하네. 그들의 주장대로 양쪽 모두에 공정과 신의가 똑같이 있겠지만 말이네. 게다가 인민도 있네. 인민은 일인에게도 소수에게도 복종하고 싶지 않다고, 맹수에게도 자유보다 달콤한 것은 없다고, 모든 사람은 왕을 섬기든 귀족들을 섬기든 자유를 결여한다고 소리 높여 외치네. 따라서 왕은 사랑으로, 귀족은 슬기로, 인민은 자유로 우리를 사로잡네. 그래서 이들을 비교해 볼 때 자네가 무엇을 가장 원하는지 택하기가 어렵네.

라일리우스: 그렇게 믿네. 그러나 자네가 이 문제를 미완으로 남겨 두면, 남은 문제는 거의 해결될 수 없을 거네.

【36】56. 스키피오: 따라서 나는 아라토스를 모방하겠네. 그는 중요한 주제를 말하기 시작하려면 유피테르로부터 시작

해야 한다고 생각하지.[28]

라일리우스: 왜 유피테르지? 이 논의와 저 시[아라토스의 시] 사이에서 뭐가 유사하단 말인가?

스키피오: 배운 사람이든 못 배운 사람이든 모두가 동의하는 바, 모든 신과 인간의 일인 왕인 유피테르로부터 우리가 논의를 시작하는 것이 옳다는 것만 유사하네.

라일리우스: 왜 그렇지?

스키피오: 자네는 눈앞에 있는 이유 말고 다른 이유라도 있다고 생각하는가? 국가 지도자들이 삶의 유익을 위해서 이런 믿음—호메로스[29]가 말하듯이, 하늘에 있는 한 왕이 한 번 끄덕여서 올림포스 전체를 뒤집고, 그가 모두의 왕이자 아버지라고 생각된다는 믿음[30]—을 만들어 냈다면, 사람들은 모든 신이 한 왕의 뜻에 따라 지배된다고 생각하기 때문에, 왕보다 더 좋은 것은 없다는 종족 지도자들의 결의에 종족들이 동의했다는 것을 보여 줄 큰 권위와 많은 증인—모든 증인이 많은 증인으로 불릴 수 있다면—이 있네. 또는 우리가 배웠듯이, 이런 믿음이 무지한 자들의 오류에 기인하고 우화와 같다면, 우리가 들어서는 거의 알지 못하는 것들을 마치 눈으로 본 듯한 박식한 사람들의 공동 교사들의 말을 들어보세.

---

28 아라토스의 『현상』은 "제우스(유피테르)로부터 시작하자"로 시작한다.

29 "ait" 다음에 "Homerus"를 추가한다.

30 호메로스, 『일리아스』, 1.528~530.

라일리우스: 그들이 누구인가?

스키피오: 만물의 본성에 대한 탐구를 통해서 이 세계 전체가 지성에 의해서 【***】임을 알아차린 자들.

57. (단편) 라일리우스: 그러니 괜찮다면 자네의 말을 거기에서 더 가까운 일로 옮기세.[31]

【37】 58. 스키피오: 【***】 그러나 라일리우스, 자네가 원한다면, 나는 자네에게 너무 오래되지도 전혀 야만적이지도 않은 증인들을 제시하겠네.

라일리우스: 그들이 내가 원하는 자들이네.

스키피오: 그러면 자네는 이 도시에서 왕이 사라진 지 400년이 좀 안 된 거 알고 있지?

라일리우스: 알고 있네.

스키피오: 그러면 어떤가? 400년이라는 기간은 도시나 나라에 매우 긴가?

라일리우스: 사실 나라는 아직 장성하지 않았네.

스키피오: 그러면 400년 전에 로마에 왕이 있었나?

라일리우스: 있었네. 그것도 오만왕[타르퀴니우스 수페르부스]이 있었네.

스키피오: 그전에는?

---

31 노니우스, 85.18, 289.7.

라일리우스: 매우 정의로운 왕[세르비우스 툴리우스]이 있었네. 그런 다음 600년 전 왕인 로물루스까지 거슬러 올라가네.

스키피오: 그러면 로물루스조차 매우 오래된 건 아니지?[32]

라일리우스: 절대 아니지. 그때 희랍은 이미 쇠약해지고 있었네.

스키피오: 말해 줘. 로물루스가 야만인들의 왕은 아닌 거지?

라일리우스: 희랍인들이 말한 대로, 모든 사람이 희랍인이거나 야만인이라면, 로물루스는 야만인들의 왕일까 봐 나는 두렵네. 그러나 왕이라는 이름이 언어가 아니라 관습에 따라 부여되어야 한다면, 나는 로마인들이 희랍인들 이상으로 야만인이 아니라고 생각하네.

스키피오: 그러나 우리가 논의 주제로 찾고 있는 것은 종족이 아니라 천성이네. 현명한 요즘 사람들이 왕이 있기를 원했다면, 나는 너무 오래되지도 비인간적이지도 사납지도 않은 증인들을 내세우겠네.

【38】 59. 라일리우스: 내가 알기로, 스키피오, 자네는 충분한 증거를 갖추고 있네. 그러나 좋은 심판인처럼 나한테도 논변이 증인보다 가치가 있네.

스키피오: 그러면 라일리우스, 자네의 감정에 기초해서 논변해보게.

---

32 평서문 대신에 의문문으로 읽는다.

라일리우스: 누구의 감정?

스키피오: 언젠가 우연히 자네가 누군가에게 분노한다고 여길 때의 [자네의 감정].

라일리우스: 나는 내가 원하는 것 이상으로 더 자주 분노했네.

스키피오: 뭐라고? 자네가 분노할 때, 분노가 자네의 정신을 지배하게 하는가?

라일리우스: 맹세코 아닐세. 오히려 나는 타렌툼의 유명한 아르퀴타스와 닮았네. 그가 농장에 왔을 때 모든 일이 자기의 명령에 따라 이루어지지 않은 것을 알자, 농장 관리인에게 이렇게 말했다고 하네. "아, 불쌍한 놈, 만약 내가 분노하지 않았다면, 채찍질로 너를 죽여 버렸을 거야."

60. 스키피오: 훌륭해. 그러니까 아르퀴타스가 이성적 판단에 명백히 대립하는 분노를 일종의 정신의 내란이라고 여긴 건 옳아. 이성에 의해서 분노가 가라앉기를 원했지. 탐욕을, 대권과 영광을 위한 욕망을, 욕정을 덧붙여 보게. 다음도 주목하게나. 인간의 정신 안에 왕의 대권이 있다면, 한 부분, 즉 이성—그것은 정신의 가장 좋은 부분이니까—의 지배가 있을 것이고, 이성이 지배하는 한, 욕정, 분노, 무분별의 여지는 전혀 없네.

라일리우스: 그렇지.

스키피오: 그러면 자네는 이런 상태에 있는 정신을 인정하나?

라일리우스: 당연하지.

스키피오: 그러면 이성이 쫓겨나서 무한한 욕정이나 분노가 모든 것을 장악하면, 자네는 이를 인정하지 않겠지?

라일리우스: 나는 이런 정신 또는 이런 정신이 있는 사람이 가장 비참하다고 여기네.

스키피오: 그러면 자네는 정신의 모든 부분이 왕정하에 있고 이성의 지배를 받는다고 여기는가?

라일리우스: 그렇다고 여기네.

스키피오: 그러면 왜 자네는 국가에 관한 자네의 생각을 의심하는가? 국가의 주도권이 몇 명에게 넘어가면, 국가를 다스리는 대권이 전혀 없을 것으로 이해될 수 있네. 왜냐하면 대권은 단일하지 않으면 전혀 있을 수 없기 때문이네.

【39】 61. 라일리우스: 내가 묻네. 정의가 몇 명에게 있다면, 일인과 몇 명에는 무슨 차이가 있는가?

스키피오: 자네가 내 증인들의 영향을 크게 받지 않는 것으로 내가 이해해서, 라일리우스여, 나는 내 말을 입증하기 위해서 자네를 계속 증인으로 삼겠네.

라일리우스: 나를? 어째서?

스키피오: 최근에 우리가 포르미아이에 있는 자네의 별장에 있었을 때, 자네가 노예들에게 일인의 명령에 엄히 복종하라고 한 것에 나는 주목했네.

라일리우스: 당연히 농장 관리인의 명령에 말이지.

스키피오: 자네 집에서는 어떤가? 몇 명이 자네 집안일을 다스리는가?

라일리우스: 아니네. 일인이 다스리네.

스키피오: 어떤가? 자네 말고 자네 집 전체를 지배하는 자가 있는가?

라일리우스: 절대 없네.

스키피오: 그러면 자네는 국가의 상황도 이와 동일하다고, 즉 일인이 정의로운 한에서, 일인의 지배가 최선이라는 점을 왜 인정하지 않나?

라일리우스: 자네의 설득에 나는 거의 동의할 참이네.

【40】 62. 스키피오: 내가 조타수와 의사의 비유—그들이 전문 기술을 지닌 한에서 배는 다수보다는 일인의 조타수에게, 환자는 다수보다는 일인의 의사에게 맡겨지는 것이 더 올바르네—는 생략하고 더 중요한 사례로 나아간다면, 라일리우스여, 자네는 더 많이 동의할 것이네.

라일리우스: 어떤 사례 말인가?

스키피오: 자네는 일인인 타르퀴니우스의 무례함과 오만함 때문에 우리 인민은 왕이라는 이름을 증오한 것을 알고 있지 않나?

라일리우스: 알고 있네.

스키피오: 따라서 자네는 이 대화가 계속되면 내가 생각하

듯이 내가 더 많이 말하게 될 것을 알고 있지.[33] 타르퀴니우스가 쫓겨나자, 인민은 놀랄 정도로 과도한 자유 속에서 날뛰었다는 것 말이지. 그때 무고한 자들은 추방당했고, 많은 사람의 재산은 강탈되었고, 집정관들은 매년 뽑혔고, 권표[34]는 인민 앞에서 내려졌고, 모든 소송에서 상소가 허용되었고, 평민의 이탈이 있었네. 한마디로 그때 대부분의 일이 이렇게 행해진 결과, 모든 것이 인민의 수중에 있게 되었네.

라일리우스: 자네가 말한 대로네.

63. 스키피오: 그건 배 안에 있을 때나 종종 병이 가벼울 때처럼 평화 시나 여가 시에만 가능하네. 왜냐하면 아무것도 두려워하지 않으면 제멋대로 할 수 있기 때문이라네. 그러나 바다에서 갑자기 높은 파도가 일기 시작하면 선원은 일인의 도움을 요청하고, 병이 악화되면 환자는 일인의 도움을 요청하듯이, 우리 인민—평화 시에 국내에서 정무관들에게 명령하고 그들을 위협하며 그들에게 복종하기를 거부하고 [한 정무관에 맞서 다른 정무관에게 도움을] 호소하며 [백인대 민회에] 상소할지라도—은 전시에는 정무관들이 왕인 듯이 그들에게 복종하네. 왜냐하면 안녕이 욕정보다 더 가치가 있기 때문이라네. 사실 우리 나라 사람들은 더 맹렬한 전쟁에서는 동료 없이 일인이 모든 권력을

---

33 의문문 대신에 평서문으로 읽는다.
34 권표(fasces)는 집정관이나 법무관이 행차할 때 길나장이들이 들고 다니는, 도끼가 꽂힌 막대기 다발로서 최고 권위를 상징한다.

지니기를 바랐네. 그 일인의 이름이 최고 권력의 위력을 보여주네. 그 일인은 임명되기 때문에 독재관이라 불린다네.[35] 그러나 라일리우스여, 자네는 우리의 책[조점관들의 책]에서 독재관이 인민 지도자로 불리는 것을 알고 있네.

라일리우스: 알고 있지.

스키피오: 그러므로 오래전부터 저 사람들이 지혜롭게 【***】

【41】 64. 스키피오: 【***】 인민이 정의로운 왕을 잃자, 가장 좋은 왕이 사망한 후에 엔니우스가 [이렇게] 말하듯이, 오랫동안 인민의 마음은 그리움에 사로잡혔네.

동시에 그들은 서로서로에게 이같이 말한다. '오 로물루스여, 신과 같은 로물루스여, 신들은 당신을 조국의 위대한 수호자로 낳으셨도다! 오 아버지여, 오 낳아 준 이여, 오 신들로부터 유래한 혈통이여……'[36]

사람들은 마땅히 복종할 자들을 지배자나 주인, 나아가 왕이라 부르지 않고, 조국의 수호자, 아버지, 신이라 부르는데, 이유가 없는 게 아니지. 그들은 어떤 말을 덧붙이는가?

---

35 'dictator(독재관)'는 'dico(임명하다, 말하다)'에서 파생된 말이다.
36 엔니우스, 『연대기』, 117~121.

당신이 우리를 이 세상으로 데려왔도다.

그들은 왕의 정의 덕분에 목숨과 명예와 영예를 부여받았다고 생각했네. 왕들이 계속 같은 성품을 지녔다면, 사람들은 변함없이 왕의 후손들에게도 호의를 보였을 텐데. 그러나 자네는 일인의 부정의로 인해서 그런 형태의 국가가 완전히 무너졌다고 알고 있네.

라일리우스: 그렇게 알고 있네. 우리 국가뿐만 아니라 모든 국가의 변화 과정도 알고 싶네.

【42】65. 스키피오: 내가 가장 인정하는 국가의 종류에 관해 내 생각을 말했으니, 국가의 변화에 대해서 좀 더 상세히 말해야겠네. 그 국가가 변하기는 쉽지 않으리라고 나는 생각하지만 말일세. 그런데 가장 확실한 첫 번째 변화는 왕정의 변화이네. 왕이 불의해지기 시작하면, 왕정은 즉각 사라지고, 왕은 참주가 되네. 참주정은 최선의 정체와 인접해 있음에도 최악의 종류이네. 귀족들이 참주를 타도하면 ― 이는 일반적으로 일어나지 ― 국가는 세 가지 정체 중 버금 정체를 갖네. 왜냐하면 귀족정은 왕정―인민을 잘 보살피는 제일 시민들의 가부장[37] 위원회―과 같기 때문이네. 그런데 인민이 참주를 죽이거나 추방한다면, 지각 있고 현명한 한에서 인민은 더 절도 있고, 자기의 성

---

37 "patrium" 다음에 나오는 쉼표는 생략한다.

취에 기뻐하며, 자기가 세운 국가를 지키려 하네. 그러나 인민이 정의로운 왕에게 폭력을 가하거나 그에게서 왕위를 빼앗거나 혹은 더 자주 일어나듯이 귀족의 피를 맛보고 국가 전체를 자기의 욕정에 종속시킨다면—고삐 풀린 오만한 다수보다 거대한 바다나 화염을 가라앉히기가 쉽지 않다고 생각하지 말게—플라톤이 훌륭하게 말한 사태가 발생하네.[38] 나는 그의 말을 라틴어로 번역할 것인데, 어렵더라도 시도해 보겠네.【43】66. 플라톤이 말하네. "만족할 줄 모르는 인민의 목구멍이 자유를 향한 갈증으로 목마를 때, 그리고 목마른 인민이 나쁜 하인들을 부려서 적절히 절제된 자유가 아니라 지나치게 순수한 자유를 마셔버렸을 때, 정무관들과 제일 시민들이 매우 유순하고 너그럽고 인민에게 자유를 후하게 주지 않으면, 인민은 그들을 비난하고 고발하고 유죄 판결을 내리며, 그들을 전제 군주, 왕, 참주라고 부른다." 자네는 이를 잘 알고 있다고 생각하네.

라일리우스: 매우 잘 알고 있네.

67. 스키피오: 플라톤이 이어서 말하네. "제일 시민들에게 복종하는 자들은 이 인민에게 시달리며 자발적인 노예라고 불린다. 그런데 사인들을 닮으려는 정무관들뿐만 아니라 사인과 정무관 사이에 아무런 차이가 없다는 듯이 행하는 사인들도 칭송받고 명예를 부여받는다. 그리하여 이런 종류의 국가에서 모

---

38 66~67절은 플라톤, 『국가』, 8권, 562c~563e의 패러프레이즈이다.

든 것은 반드시 자유로 가득찬다. 모든 사인의 집에는 지배가 없고, 이 악은 짐승들에게까지 퍼진다. 마지막으로 아버지는 아들을 두려워하고, 아들은 아버지를 무시하고, 수치심이 전혀 없어서, 그들은 완전히 자유로워진다. 시민과 외국인 사이에 차이가 없고, 선생들은 제자들을 무서워하여 아첨하고, 제자들은 선생들을 경멸하고, 젊은이들은 노인들의 권위를 자기 것으로 돌리고, 노인들은 젊은이들에게 미움받지 않고 부담 주지 않도록 젊은이들의 놀이판에 끼어든다. 그리하여 노예조차 너무나 자유롭게 행동하고, 아내는 남편과 동등한 권리를 지니고, 더 나아가 개, 말, 당나귀조차도 굉장한 자유를 누리며 자유로이 뛰어다녀서 사람들은 그것들에 길을 비켜주어야 한다. 그래서 이런 무한한 방종에서 다음과 같은 결과가 도출된다. 시민들의 마음은 너무나 민감해지고 유약해져서 최소한의 제약만 행사되어도 시민들은 분노하고 못 견딘다. 이로 인해서 시민들은 또한 법률을 무시하기 시작해서 시민들에게 주인이 전혀 없게 된다."

【44】 68. 라일리우스: 자네는 플라톤이 말한 바를 정확히 번역했네.

스키피오: 이제부터 내가 말하는 방식으로 되돌아가네. 플라톤이 말하기를,[39] 참주는 지나친 방종—시민들이 생각하는

---

39 68절은 플라톤, 『국가』, 8권, 563e~564a, 565c~566d의 패러프레이즈 또는 발췌이다.

유일한 자유—에서 탄생하는데, 이는 어떤 뿌리에서 자라나는 것과 같네. 왜냐하면 제일 시민들의 파멸이 제일 시민들의 지나친 권력에서 나오듯이, 자유는 지나치게 자유로운 이 인민을 노예 상태에 빠뜨리기 때문이네. 기후에서든 농지에서든 신체에서든 매우 순조로울 때 지나친 모든 것은 대개 정반대로 바뀌네. 이런 일은 특히 국가에서 생기네. 인민이든 사인이든 지나친 자유는 지나친 노예 상태로 전락하네. 이 극단적인 자유에서 참주—매우 불의하고 매우 가혹한 노예 상태—가 생기네. 이 제어되지 않는 인민, 오히려 야만적인 인민 가운데서 누군가가, 이미 타격을 입어 자기 자리에서 쫓겨난 제일 시민들과 맞서는 지도자로 대개 뽑히네. 그는 대담하고 악질이며, 국가에 공을 세운 자들을 종종 심하게 못살게 굴고, 남의 재산과 자기 재산으로 인민의 환심을 사네. 사인에 불과한 그는 두려움과 맞닥뜨리기 때문에, 대권, 그것도 갱신되는 대권을 부여받고, 아테네의 페이시스트라토스처럼 친위대의 경호를 받네. 마지막으로 그는 자기를 배출한 자들의 참주로 등장하네. 종종 일어나듯이, 좋은 사람들[귀족]이 참주를 제압하면, 나라는 재창조되네. 반면에 대담한 자들이 참주를 제압하면, 그들은 과두정 당파—다른 종류의 참주정—가 되네. 제일 시민들이 타락하여 바른길에서 벗어났을 때, 과두정 당파가 종종 귀족들의 훌륭한 정체에서도 생기네. 그래서 왕으로부터 참주가, 참주로부터 제일 시민들이나 인민이, 제일 시민들이나 인민으로부터 과두정 당파나 참주가 국가의 정체—마치 공인 양—를 빼앗네. 어떤 종류의 국가도 오랫동안 똑같이 유지되지 않네.

【45】 69. 이렇기 때문에 내 생각에는 세 종류의 국가 중 왕정 국가가 매우 뛰어나지만, 세 종류의 국가가 균형 있게 혼합된 국가가 왕정 국가보다 뛰어날 것이네. 왜냐하면 국가에서 뛰어나고 왕에 속하는 뭔가도, 제일 시민들의 권위에 부여되고 주어진 뭔가도, 다수의 판단과 의사를 위한 어떤 것들도 있는 것이 좋기 때문이네. 먼저 이 정체에는 일종의 평등이 있네. 이것이 없으면 사람들은 더 이상 자유로울 수 없네. 그다음으로 이 정체에는 견고함이 있네. 왜냐하면 왕에서 주인이, 귀족에서 과두정 당파가, 인민에서 무질서한 군중이 나오듯이, 첫 세 종류의 국가는 정반대의 결함으로 쉽게 전환되고, 각 종류의 국가는 종종 새로운 종류의 국가로 바뀌지만, 지도자들의 결함이 크지 않으면 국가의 결합되고 적절히 혼합된 이 정체에서 이런 변화는 거의 생기지 않기 때문이네. 각자가 자기의 지위를 굳건히 유지할 때, 또 자기 밑으로 추락하고 떨어질 곳이 없을 때, 변혁할 이유가 없네.

【46】 70. 그러나 라일리우스여, 그리고 매우 친하고 매우 현명한 여러분, 내가 이런 종류의 주제를 더 길게 다루면, 나의 말이 여러분과 함께 고찰하는 사람의 말이 아니라 지침과 가르침을 주는 사람의 말처럼 보일까 봐 두렵네. 그렇기 때문에 나는 모든 사람이 알고 있고 우리가 오랫동안 탐구한 주제로 나

아가겠네. 어떤 국가도 정체, 조직, 훈련의 측면에서 우리 조상들이 선조들로부터 물려받아 우리에게 물려준 국가와 아예 비견될 수 없다고 나는 판단하고 생각하고 단언하네. 괜찮다면 여러분이 알고 있는 것을 나한테서 듣고 싶어하니, 나는 우리 국가가 어떤 국가인지, 동시에 그것이 최선의 국가인지 보여 주겠네. 나는 우리 국가를 본으로 삼아 설명한 다음, 나라의 최선의 정체에 대해서 내가 해야만 하는 모든 말을, 가능하면, 우리나라에 적용하겠네. 내가 이런 목적을 유지하고 달성할 수 있다면, 내 생각에, 나는 라일리우스가 나에게 부여한 임무를 완전히 이행하게 될 것이네.

【47】 71. 라일리우스: 스키피오, 그건 자네의 임무, 그것도 자네 한 사람의 임무이네. 자네야말로 매우 저명한 조상의 후손인데, 누가 자네보다 조상들의 제도에 대해서 잘 말할 수 있을까? 누가 나라의 최선의 정체에 대해서 잘 말할 수 있을까? 우리가 지금 최선의 정체를 갖고 있지 않아도 갖게 된다면, 누가 자네보다 빛날 수 있을까? 자네가 이 도시의 두 가지 공포[카르타고, 누만티애를 몰아내고 미래를 내다보았으니, 장래를 대비하는 계획에 대해서 누가 더 잘 말할 수 있을까?

1권 단편

1. 카르타고는 슬기와 규율이 없었다면 거의 600년 동안 막강한 세력을 누리지 못했을 것이다.[40]
2. 그가 말하기를, "맹세코 이런 관습과 열망과 대화를 배워라. ……"[41]

---

40   노니우스, 526.8. Ziegler 편집본 1권 단편 f.
41   노니우스, 276.6. Ziegler 편집본 1권 위치가 불확실한 단편.

2권

【1】 1. 여기서 듣고 싶은【욕망으로 ……】 스키피오는 다음과 같이 말하기 시작했다.

스키피오: 다음은 노[老] 카토님의 말씀이네. 여러분도 알다시피 나는 그분을 특별히 좋아했고 매우 존경했네. 두 부친[친부와 양부]의 판단과 나의 열망 때문에 어려서부터 나 자신을 그분에게 완전히 바쳤네. 그분의 말씀은 절대 물릴 수가 없었네. 그분은 나랏일—이 일을 평화 시나 전시에 매우 오랫동안 매우 잘 수행하셨네—에 경험이 많으셨고, 절도 있게 말하셨고, 진지함과 재치를 겸비하셨고, 배우고 가르치는 일에 매우 열심이셨고, 완전히 언행일치하는 삶을 사셨네. 2. 그분은 다음과 같은 이유에서 우리 나라의 정체가 다른 나라의 정체들보다 뛰어나다고 말씀하곤 하셨네. 왜냐하면 자기만의 법률과 제도로 자기만의 정체를 수립한 개인들이 보통 다른 나라들에 있었는데,

예컨대 크레타에 미노스가, 라케다이몬에 뤼쿠르고스가, 정체가 여러 번 바뀐 아테네에 테세우스, 그런 다음 드라콘, 그런 다음 솔론, 그런 다음 클레이스테네스, 그런 다음 다른 많은 사람이 있었고, 마지막으로 아테네가 핏기없고 수척했을 때 팔레론의 박식한 사람 데메트리오스가 아테네를 되살린 반면, 우리 국가는 일인이 아니라 다수의 재능에 힘입어 세워졌고, 일인의 생애 동안이 아니라 여러 세대와 시대에 걸쳐서 세워졌기 때문이네. 그분께서는 모르는 것이 하나도 없을 만큼 재능이 뛰어난 사람은 아무도 없었고, 모든 재능이 일인 안에 통합되어 있어도 실제로 경험이 없고 오랜 시간이 흐르지 않으면 단번에 예견해서 모든 것을 파악할 수 없었다고 말씀하셨네. 3. 그렇기 때문에 그분께서 평소에 말씀하신 대로, 이제 나는 로마 인민의 기원—나는 카토님의 용어[기원]를 기꺼이 쓰네—으로 거슬러 올라가서 말하겠네. 게다가 플라톤 작품[『국가』]의 소크라테스처럼 내가 어떤 국가를 만들어내기보다 우리 국가가 탄생하고 성장하고 어른이 되어 굳건해지고 견고해진 과정을 여러분에게 보여 준다면, 나의 목적을 달성하기가 더 쉬울 것이네.

【2】 4. 모두가 이에 동의했다.

스키피오:[42] 로물루스가 시작한 이 도시 건립의 기원만큼 유명하고 모두가 아는 국가 수립의 시초가 우리에게 있겠나?

---

42 "igitur" 대신에 "inquit"로 읽는다.

로물루스는 마르스 신의 아들로 태어났네. — 나랏일에서 공적이 있는 자들은 재능뿐만 아니라 출생도 신적인 것으로 여겨지는데, 우리는 그것을 민간 전설, 특히 오래되었을 뿐만 아니라 조상들이 지혜롭게 전해 준 민간 전설로 여기세 — 로물루스가 태어났을 때, 알바 롱가의 왕, 아물리우스는 그가 왕정을 무너뜨릴까 봐 두려워서 그를 동생 레무스와 함께 티베리스 강에 내다 버리라고 명령했다고 하네. 그는 티베리스 강 근처에서 야생 짐승의 젖을 빨아 먹었네. 목자들은 그를 데려다가 농지 경작과 일을 시켰네. 그가 성인이 되어 신체의 힘과 정신의 용맹함에서 남들을 능가하자, 오늘날 이 도시가 있는 땅에 거주한 당대의 모든 사람이 평온하게, 기꺼이 그에게 복종했다고 하네. 로물루스는 목자들 무리의 지도자가 되어 — 이제 우리는 이야기에서 실제 사실로 넘어가네 — 당대의 강력하고 영향력 있는 도시인 알바 롱가를 제압하고 아물리우스 왕을 죽였다고 하네.

【3】 5. 이런 영광을 얻은 로물루스는 조점을 치고 나서, 제일 먼저 도시의 건설과 국가의 공고화를 생각했다고 하네. 그는 믿기 어려울 정도로 유리한 곳을 도시의 터—오래 지속되는 국가를 세우려는 사람은 매우 주도면밀하게 도시의 터를 마련해야 하네—로 택했네. 그는 바다 근처로 가서 도시를 세우지 않았지. 루툴리인들이나 아보리기네스인들의 땅으로 진군하거나 여러 해가 지나 안쿠스 왕이 식민 도시를 건설한 티베리스 강 하구[오스티애]에 도시를 건설하기 위해서는 그의 휘하

에 있는 병력과 함께 바다 근처로 가서 도시를 세우는 것이 그에게 매우 쉬운 일이었지만 말일세. 오래 지속되고 세상을 지배할 희망을 갖고 건설된 도시에 해안가는 최적의 위치가 아니라는 점을 그는 탁월한 예지력으로 감지하고 알았네. 왜냐하면 우선 해안 도시는 많은 위험뿐만 아니라 보이지 않는 위험에도 노출되기 때문이네. 6. 내륙은 많은 신호—어떤 굉음이나 요란스러운 소리—를 통해서 적들의 예상된 출현뿐만 아니라 갑작스러운 출현도 미리 알려주네. 사실 적이 왔는지뿐만 아니라 적이 누구이고 어디서 왔는지를 우리가 모를 만큼 땅에서 돌진할 수 있는 적은 아무도 없네. 반면 해안에서는 배를 타고 오는 적은 누군가 적이 오리라고 짐작하기도 전에 먼저 올 수 있고, 적이 와도 그가 누구인지, 어디에서 오는지, 심지어 무엇을 원하는지 드러나지 않으며, 마지막으로 그가 우군인지 적군인지를 구별하고 판단할 수 있는 표지조차 없네. 【4】 7. 게다가 해안 도시에는 어떤 관습의 타락과 변화도 있네. 왜냐하면 해안 도시는 낯선 언어와 가르침에 노출되고, 외국의 상품뿐만 아니라 관습도 수입해서, 조상 전래의 제도 중 온전할 수 있는 것이라곤 전혀 없기 때문이라네. 해안 도시에 거주하는 자들은 자기의 거처에 붙어 있는 게 아니라, 항상 덧없는 희망과 생각에 사로잡혀 집을 떠나 먼 곳으로 이끌리고, 신체가 집에 있을 때조차 정신은 망명하고 떠돌아다니네. 사실 오랫동안 쇠약해진 카르타고와 코린토스는 무엇보다도 이처럼 흩어져 떠돌아다니는 시민들 때문에 마침내 멸망했다네. 왜냐하면 그들이 장사와 항해에 대한 욕망에 사로잡혀서 토지 경작과 군사 훈련을 방치했기 때문이네. 8. 게다가 바다는 사치를 부추기고 나라에 치명적인 것 ─강탈되거나 수입된 것─을 많이 제공하네. 심지어 장소 자체의 매력조차 돈 많이 드는 게으른 욕망으로 많이 유혹하네. 내가 코린토스에 대해서 말한 것을 희랍 전체에 대해서 말하더라도 아마 나의 말은 매우 참될 것이네. 펠로폰네소스는 거의 다 바다에 접해 있고, 플레이우스인들을 제외하면 바다에 접하지 않은 땅을 지닌 자들은 없으며, 펠로폰네소스 너머에는 아이니아네스인들, 도리스인들, 돌로페스인들만이 바다에서 떨어져 있네. 내가 희랍의 섬들에 대해서 언급할 필요가 있을까? 파도에 둘러싸인 이 섬들은 거의 다 나라의 제도, 관습과 함께 표류하네. 9. 내가 말했듯이, 이 지역은 옛 희랍 땅이네. 희랍인들이 아시아, 트라키아, 이탈리아, 시칠리아, 아프리카에 세운 식민 도시 중 마그네시아 한 곳을 빼면 파도가 적시지 않는 곳이 있을까? 희랍의 일부 경계는 야만인들의 땅과 맞닿은 것처럼 보이네. 해적질을 하려는 에트루리아인들과 장사를 하려는 카르타고인들을 제외하면 어떤 야만인도 원래 해안가에 살지 않았네. 희랍의 악과 변화의 분명한 원인은 내가 좀 전에 매우 간략히 다룬 해안 도시의 결함에서 비롯되네. 물론 이 결함에는 다음과 같은 큰 이점도 있네. 산출된 것은 어디서나 사람들이 거주하는 도시로 수송될 수 있고, 반대로 자기네 땅에서 산출된 것은 원하는 지역으로 운송되고 보내질 수 있다는 점 말이네.

【5】 10. 과연 로물루스가 해안가의 유익을 누리고 그 결함을 피하면서 일년 내내 바다로 한결같이 흘러 들어가는 폭 넓은 강[티베리스 강]의 가장자리에 도시를 세우는 것보다 더 신적인 능력을 보일 수 있었을까? 그 도시는 그 강을 통해서 부족한 것을 바다에서 수입하고, 넘치는 것을 수출할 수 있었으며, 또 같은 강을 통해서 생활과 개화에 매우 필요한 것들을 바다에서 흡수할 뿐만 아니라 내륙에서 운송된 것들도 받아들였네. 그래서 내가 보기에 그는 그때 이미 이 도시가 언젠가 최고 지배권의 거처이자 집이 될 것이라고 예견했네. 왜냐하면 이탈리아의 다른 지역에 있는 도시는 그토록 강한 영향력을 쉽게 행사할 수 없었기 때문이라네. 【6】 11. 게다가 누가 도시의 자연적인 방어에 무관심하고 이를 마음에 두지 않고 명확히 인식하지 못하겠는가? 로물루스와 다른 왕들의 지혜 덕분에 도시 성벽의 길이와 방향이 정해졌네. 사방에 가파르고 급경사인 언덕들이 있고, 에스퀼리아이 언덕과 퀴리누스 언덕 사이에 유일한 입구가 있는데, 그 입구는 돌출된 매우 큰 보루와 매우 깊은 해자로 둘러싸여 있었네. 이처럼 요새화된 성채는 가파른 바위로 에워싸이고 깎아지른 듯한 바위에 의존했기에, 갈리아인들이 습격한 끔찍한 시기[기원전 390년]에도 온전하고 무사히 남아 있었네. 로물루스는 샘이 풍부하고, 전염병 출몰 지역에서도 건강에 좋은 곳을 택했는데, 왜냐하면 바람이 잘 통할 뿐만 아니라 계곡

에 그림자를 드리우는 언덕이 있기 때문이라네.

　【7】 12. 로물루스는 다음의 일을 매우 빨리 끝마쳤네. 그는 자기 이름을 따서 로마라고 명명한 도시를 세웠고, 새로운 나라를 공고히 하기 위해서 새롭고 다소 야만적인 계획―그렇지만 그의 왕국과 인민의 힘을 유지하기 위해서 그때 이미 오래전에 앞날을 예견한 위대한 사람의 계획[사비니 여인들의 납치]―을 채택했네. 그는 시합―매년 콘수스 축제 기간에 경기장에서 시합할 것을 최초로 결정했네―을 보기 위해서 로마에 온 훌륭한 가문 출신의 사비니 처녀들을 납치하라고 명령했고, 그녀들을 최고의 가문으로 시집보냈네. 13. 이런 이유로 사비니인들이 로마인들과 전쟁을 했는데, 전투의 승패가 계속 바뀌고 결정되지 않자, 로물루스는 납치당한 부인들의 간청을 받아들여 사비니인들의 왕인 티투스 타티우스와 조약을 맺었네. 그는 이 조약을 통해서 사비니인들을 시민으로 받아들였고, 함께 제사를 지냈으며, 그의 왕국을 그들의 왕과 공유했네. 【8】 14. 그러나 타티우스의 사후에 모든 지배권이 로물루스에게 돌아갔네. 비록 그가 왕의 자문 회의를 위해서 제일 시민들―사랑하기 때문에 아버지[원로원 의원]라고 불린 자들―을 타티우스와 함께 뽑았고, 그의 이름과 타티우스의 이름과 루쿠모―로물루스의 동료로 사비니 전투에서 전사했네―의 이름을 따서 3개 부족[람네스, 티티에스, 루케레스]으로 인민을 구분했고, 납치된 후에 평화와 조약을 간청한 사비니 처녀들의 이름을 따서 명명된 30

개 쿠리아로 인민을 구분했지만 말일세. 이런 구분은 타티우스 생전에 이루어졌지만, 그의 사후에 로물루스는 훨씬 더 원로원 의원들의 권위와 조언에 따라서 지배했지.

【9】15. 이렇게 한 다음 로물루스는 스파르타의 뤼쿠르고스가 얼마 전에 알았던 것―왕의 지배 권력에 각각의 최선자의 권위가 결합되면, 일인의 대권, 즉 왕의 권력에 의해서 나라가 더 잘 통치되고 지배된다는 것―을 제일 먼저 알고 받아들였네. 그래서 로물루스는 원로원과 같은 이 자문 회의의 지지와 보호를 받았고, 이웃들과 많은 전쟁을 매우 성공적으로 치렀네. 어떤 전리품도 자기 집으로 가져오지 않았음에도, 시민들을 계속해서 부유하게 만들었네.

16. 그다음으로 로물루스는 조점―오늘날에도 우리가 국가의 안녕에 크게 기여하도록 유지하는 관행―을 매우 많이 따랐네. 그는 조점을 치고 나서 도시를 세웠는데, 이것이 국가의 시작이었네. 모든 나랏일을 착수할 때 그는 부족에서 조점관을 한 명씩 뽑아 자기를 도와 조점을 치게 했네. 그는 평민을 구분해서 제일 시민들의 보호하에 두었는데, 이것이 얼마나 유익한지는 나중에 살펴보겠네.[43] 그는 강제와 처벌이 아니라 양과 소―그 당시 재산은 가축과 토지의 소유에 달렸었네. 거기서 페쿠니오시[가축이 많은 자들]와 로쿠플레테스[토지가 많은 자들]라는

---

43 이 논의는 남아 있지 않다.

말이 생겼지—로 벌금을 선고해서 사람들을 제지했네.

【10】 17. 로물루스는 37년 동안 지배했고, 국가의 두 가지 탁월한 토대인 조점과 원로원을 고안해 냈네. 그의 업적은 너무나 대단해서 태양이 갑자기 어두워진 후에 그가 더 이상 보이지 않게 되자 신들의 반열에 들었다고 여겨졌네. 특출난 덕의 영광 없이는 어느 누구도 이런 평판을 얻을 수 없을 것이네. 18. 로물루스의 경우에 그 점은 더 놀랄 만하네. 인간에서 신이 되었다고 말해지는 다른 사람들은 문명 시대 이전에 존재해서 무지한 사람들이 쉽게 믿도록 이끌어졌기에 이야기를 꾸며내기가 쉬었네. 반면에 우리가 알 듯이, 약 600년 전인 로물루스의 시기에는 학문과 배움이 이미 오래 지속되었고, 인간의 미개한 생활에서 나온 과거의 모든 잘못은 제거되었네. 희랍인들의 연대기에서 찾아지듯이, 로마가 일곱 번째 올림피아 제전의 두 번째 해[기원전 751년][44]에 세워졌다면, 로물루스의 시기는 이미 희랍이 시인과 음악가로 가득 차고 오래전 일의 전설을 제외하고는 어떤 전설도 신뢰를 받지 못하는 시대에 속했기 때문이라네. 뤼쿠르고스가 법률을 제정하고[기원전 884년] 나서 첫 번째 올림피아 제전[기원전 776년]이 108년 만에 열렸네. 어떤 사람들은 이름을 혼동하여 뤼쿠르고스가 올림피아 제전을 처음 개최했다고 생각하는 반면, 호메로스의 시기를 최대한 보

---

44 역사적으로 로마는 기원전 753년에 세워졌다.

수적으로 잡는 사람들은 호메로스의 시기[기원전 914년]가 뤼쿠르고스의 시기보다 약 30년 앞선다고 말하네. 19. 이로부터 호메로스가 로물루스보다 상당히 오래전에 살았음을 알 수 있지. 이미 교육받은 사람들이 있고 로물루스 시대는 개화되었기에 이야기를 꾸며낼 여지가 거의 없었네. 옛날에는 때때로 조잡하게 꾸며낸 전설조차도 받아들여졌지만, 특히 이미 개화된 로물루스의 시대에는 일어날 수 없는 모든 것이 비웃음을 당하고 배척당하네. 【***】

20. 스키피오: 【***】 어떤 이들이 말했듯이, 그[헤시오도스]의 외손자【스테시코로스】를 그의 딸이 낳았네. 스테시코로스가 죽은 해[기원전 556년]에 시모니데스가 태어났고, 56번째 올림피아 제전이 열렸지. 이로부터 다음을 더 쉽게 알 수 있네. 사람들이 로물루스의 불멸을 믿었는데, 그때는 이미 오랫동안 개화된 인간의 삶이 영위되고 알려졌을 때였네. 그런데 확실히 로물루스의 재능과 덕의 힘이 매우 커서, 사람들은 수 세대 이전의 사람에 대해서는 전혀 믿지 않은 것을, 로물루스에 대해서는 시골 사람인 프로쿨루스 율리우스의 말을 듣고 나서 믿었다고 하네. 프로쿨루스는 로물루스의 죽음과 관련된 의혹을 떨쳐버리려는 원로원 의원들의 압박을 받자 대중 집회에 나가 다음과 같이 말했다고 하네. 그는 오늘날 퀴리누스 언덕이라 불리는 곳에서 로물루스를 보았었는데, 로물루스는 본인을 위한 신

전을 그 언덕에 지으라고 인민에게 요구하는 일을 그에게 맡겼다고 하네. 그리고 로물루스는 자기가 신이고, 퀴리누스로 불린다고 말했다고 하네.

【11】 21. 따라서 여러분은 일인의 슬기에 의해서 새로운 인민이 태어났을 뿐만 아니라 그 인민이, 요람에 방치되어 우는 아이와 달리, 이미 자라서 거의 성년이 되었다는 것도 알고 있지 않은가?

라일리우스: 당연히 우리는 알고 있지. 자네가 희랍인들의 책 어디에도 없는 새로운 방식의 논의에 착수한 것도 알고 있네. 저술에서 모두를 능가한 저 일인자[플라톤]는 자기의 뜻에 따라 나라를 세울 터를 물색했는데, 그 나라가 아마 훌륭할지라도, 인간의 생활과 관습에 맞지 않았네. 22. 다른 사람들[아리스토텔레스, 테오프라스토스 등]은 국가의 확실한 본보기와 형태 없이 나라의 종류와 원리에 대해서 논의했네. 내가 보기에 자네는 둘 다 할 것 같네. 왜냐하면 자네가 논의에 착수했을 때, 플라톤의 작품에서 소크라테스가 하듯이, 국가를 만들어 내기보다는 자네가 발견한 것의 공을 다른 사람에게 돌리려고 하고, 로물루스가 우연히든 필연적으로든 도시의 터전을 세웠던 일을 이론적으로 설명하며, 여러 국가를 왔다 갔다 하지 않고 한 국가를 한정해서 논의하기 때문이라네. 그러니 시작한 대로 계속하게. 자네가 나머지 왕들을 끝까지 논의한다면, 나는 완전한 국가를 이미 예견한 듯하네.

【12】23. 스키피오: 로물루스의 원로원은 귀족들—로물루스 왕은 그들을 너무나 많이 존중해서 그들이 파트레스[아버지, 원로원 의원]로, 그들의 자식들이 파트리키이[아버지에서 나온 재로 불리기를 바랐네—로 구성되었는데, 그가 죽자 왕 없이 국가를 지배하려고 시도했네. 그렇지만 인민은 이를 용인하지 않았고 로물루스를 그리워해서 이후에도 계속 왕을 요구했네. 그러자 제일 시민들은 다른 종족들이 못 들어본 새로운 계획, 즉 간왕[間王]⁴⁵을 세울 계획을 현명하게 고안해 냈네. 확실한 왕이 선포될 때까지 나라에 왕은 있으나, 오랫동안 왕위에 있는 일인 왕이 없도록, 또 오랜 권력을 지닌 자가 너무 천천히 대권을 내려놓거나 너무 철통같이 대권을 유지하는 일이 없도록 말일세. 24. 그때조차 이 새로운 로마 인민은 라케다이몬인들의 뤼쿠르고스가 간과한 것을 알았네. 뤼쿠르고스는 왕을 뽑는 일이 자기에게 달려 있다면, 왕을 뽑아야 하는 것이 아니라 헤라클레스의 후손이면 누구든지 왕으로 받아들여야 한다고 생각한 반면, 그때에도 촌사람인 우리 조상들은 왕의 혈통이 아니라 왕다운 덕과 지혜를 찾아야 한다는 것을 알았네. 【13】25. 누마 폼필리우스가 왕다운 덕과 지혜에서 뛰어나다는 소문이 돌자, 인민은 자기 시민들을 제쳐 두고 원로원 의원들의 재가를 받아 외국인을 자기들의 왕으로 승인했고, 사비니인인 그를

---

45 간왕(interrex)은 왕의 궐위 시에 5일씩 돌아가면서 통치하는 원로원 의원이다.

쿠레스에서 로마로 초빙해서 그가 지배하도록 했네. 그가 로마로 오자 인민이 쿠리아 민회에서 그를 왕으로 선출했는데도 불구하고, 그는 자신의 대권에 관한 쿠리아법을 제정했네. 그는 로마인들이 로물루스의 제도로 인해서 전쟁하려는 열망에 불타오른 것을 보자, 그들이 그런 습성에서 어느 정도 벗어나야 한다고 생각했네.

【14】 26. 폼필리우스는 먼저 로물루스가 전쟁에서 차지했던 토지를 시민들에게 머리 수대로 분배했고, 약탈과 전리품 없이 토지 경작을 통해서 모든 물품이 풍부할 수 있다는 점을 그들에게 가르쳐 주었지. 그는 그들에게 여가와 평화에 대한 사랑도 불러일으켰네. 여가와 평화 덕분에 정의와 신의는 매우 쉽게 확대되고, 여가와 평화의 보호하에 토지 경작과 과실 수확은 매우 잘 유지되네. 게다가 폼필리우스는 더 큰 규모의 조점을 고안해서 이전의 숫자[3명]에 두 명의 조점관을 더했고, 제사를 관장하도록 제일 시민 중 다섯 명을 대제관으로 임명했고, 법률—우리는 그것을 기록으로 갖고 있네—을 제정해서 전쟁하려는 습성과 욕망으로 불타는 마음을 종교 의식으로 진정시켰네. 게다가 그는 플라멘들[46], 살리이들[47], 베스타 처녀들[48]을 추가했고, 종교의 모든 면을 매우 신성하게 만들었네. 27. 더 나아

---

46 플라멘(flamen)은 유피테르 신, 마르스 신, 퀴리누스 신의 사제이다.
47 살리이(Salii)는 마르스 신의 사제이다.
48 베스타 처녀(Vestalis virgo)는 베스타 여신에게 봉사하는 여사제이다.

가 그는 제사의 수행은 힘들더라도 준비는 매우 수월하기를 원했네. 그래서 그는 철저히 배워서 지켜야 하는 많은 의식 절차를 만들었지만, 비용이 들지 않게 했네. 이런 식으로 그는 종교 예식을 거행하는 데 애쓴 반면, 비용을 없앴네. 그는 시장, 경기, 온갖 모일 구실, 축제를 고안해 냈네. 이것들을 도입한 후 그는 전쟁에 대한 열망으로 인해서 이미 야만스럽고 사나워진 사람들의 마음을 인간적이고 온순한 상태로 돌려 놓았네. 이런 식으로 그는 39년을 극도의 평화와 화합 속에서 지배하고 나서 — 나는 무엇보다도 내 친구 폴뤼비오스를 따르는데, 그보다 연대를 더 정확하게 추정하는 자는 없었네 — 세상을 떠났네. 오래 지속되는 국가를 위해서 매우 중요한 두 가지, 즉 종교와 관대함을 확립하고서 말일세.

【15】 28. 스키피오가 이렇게 말했다.

마닐리우스: 아프리카누스님, 누마 왕이 피타고라스의 제자였다거나 적어도 피타고라스학파였다고 전해진 이야기가 사실인가요? 우리는 조상들로부터 이 이야기를 들었고, 대중이 그렇게 여긴다고 이해하지만, 이 이야기가 공적인 연대기의 권위에 의해서 충분히 사실로 밝혀지지 않은 것을 압니다.

스키피오: 마닐리우스여, 이 이야기는 전부 거짓이네. 이것은 꾸며냈을 뿐만 아니라, 서투르고 터무니없이 꾸며낸 것이기도 하네. 꾸며냈을 뿐만 아니라 생길 수 없다고 우리가 아는 거짓말이야 말로 용인되어서는 안 되네. 루키우스 타르퀴니우스

수페르부스가 지배한 지 4년 차에 피타고라스가 쉬바리스, 크로톤 그리고 이탈리아의 인접 지역에 왔다는 것이 사실로 밝혀졌네. 왜냐하면 62번째 올림피아 제전 때[기원전 532년~기원전 529년]에 수페르부스 왕정이 시작하고 피타고라스가 도착했기 때문이라네. 29. 이로부터 왕의 재위 기간을 계산하면 누마가 죽고 나서[기원전 672년 또는 기원전 675년] 약 140년 후에 피타고라스가 최초로 이탈리아에 왔다는 것을 알 수 있네. 연대기를 매우 꼼꼼히 살펴본 사람들은 이를 결코 의심하지 않았지.

마닐리우스: 불멸의 신들이시여! 인간의 오류는 얼마나 크고 오래되었습니까! 그렇지만 저는 우리가 해외에서 수입한 학술이 아니라 국내에서 자생한 덕에 의해서 개화한 것에 만족합니다.

【16】 30. 스키피오: 자네는 다음을 훨씬 더 쉽게 알게 될 것이네. 국가가 어떤 자연적인 길과 경로를 따라 발전해서 최선의 정체에 이르는 것을 자네가 본다면 말일세. 게다가 자네는 다음과 같은 점에서 조상들의 지혜가 칭송되어야 한다고 결론을 내릴 걸세. 다른 나라에서 받아들인 많은 것이, 여기로 오기 전에 있었던 곳보다 그리고 처음에 있었던 곳보다 우리 나라에서 훨씬 더 좋아진다는 것을 자네가 알게 될 것이고, 또 로마 인민이 운의 도움을 받더라도 우연이 아니라 슬기와 규율을 통해서 강력해진다는 것을 자네가 알게 될 것이니 말일세.

【17】 31. 폼필리우스 왕이 죽자, 인민은 간왕의 요청으로

쿠리아 민회에서 툴루스 호스틸리우스를 왕으로 선출했네. 그는 폼필리우스의 사례를 본받아 쿠리아 민회에서 자신의 대권에 관한 의사를 인민에게 물었네. 군사적인 일에서 그의 영광은 탁월했고, 전쟁의 업적은 위대했네. 그는 전리품을 판 돈으로 민회 집회장과 원로원 의사당을 만들고서 울타리를 쳤네. 그는 전쟁 선포에 관한 법을 제정했는데, 매우 정의롭게 고안된 그 법을 제관단[49]의 종교 의식을 통해서 신성불가침하게 만들었네. 그 법에 따라 선전포고 되지 않은 모든 전쟁은 부정의하고 불경하다고 간주되었네. 여러분은 우리의 왕들이 인민에게 뭔가 주어야 한다는 사실—나는 이에 대해 말을 많이 해야 하네—을 얼마나 지혜롭게 알았는지 주목해야 하네. 툴루스는 인민의 명령 없이 왕의 장식을 감히 사용하지 않았지. 12명의 길나장이가 권표를 들고 앞장서 가도록【***】

【18】33.[50] 라일리우스?:【***】자네가 시작한 말에 따르면, 국가는 최선의 정체로 기어가지【않고】날아가네.

스키피오: 인민은 그 사람[툴루스 호스틸리우스] 다음으로 누마 폼필리우스의 외손자인 안쿠스 마르키우스[51]를 왕으로 세

---

49 제관단(fetialis)은 특히 전쟁 선포 및 평화 조약과 관련된 종교 의식을 거행하는 사제단이다.

50 32절 생략.

51 "Ancus Marcius"를 삭제하지 않는다.

웠네. 그도 자신의 대권에 관한 쿠리아법을 제정했네. 그는 전쟁에서 라틴인들을 정복하고서 그들을 시민으로 받아들였네. 아벤티누스 언덕과 카일리우스 언덕을 도시에 편입했고, 차지한 땅을 분배했으며, 차지한 해안가의 숲을 모두 공유지로 만들었네. 티베리스 강 하구[오스티애]에 도시를 세웠고, 식민 도시 주민들을 통해서 도시를 견고하게 만들었네. 그는 23년간 지배하고 나서 죽었지.

라일리우스: 그 왕도 칭송받아야 하네. 그러나 우리가 그 왕의 모친만 알고 부친을 모른다면, 로마의 역사는 불분명해지네.

스키피오: 그렇지. 하지만 그 당시 것 중에서 대개 왕의 이름만 알려져 있네.【19】 34. 그런데 이때 처음으로 나라는 어떤 외래의 가르침에 의해서 더 개화된 듯하네. 왜냐하면 어떤 작은 개울이 아니라 희랍의 가르침과 학술이 흘러넘치는 강이 희랍에서 이 도시로 흘러들어왔기 때문이라네. 코린토스인 데마라토스라는 자가 있었다고 하네. 그는 확실히 명예와 권위와 부에서 자기 나라의 일인자였지만, 코린토스인들의 참주인 큅셀로스를 못 견뎌 많은 재산을 가지고 달아나 에트루리아에서 가장 번영한 도시인 타르퀴니이로 갔다고 하네. 큅셀로스의 지배가 견고하다는 말을 듣자 자유롭고 용감한 사람인 그는 조국을 등졌네. 타르퀴니이인들이 그를 시민으로 받아들였고, 그 나라에서 그는 거처와 거주지를 마련했네. 그곳에서 그는 타르퀴니

이인 아내로부터 두 아들[루쿠모, 아룬스]을 얻었고, 희랍인들의 가르침에 따라 두 아들에게 모든 학술을 교육시켰네.[52] 【***】

【20】 35. 스키피오: 【***】 그[루쿠모]는 시민권을 쉽게 취득했으며,[53] 그의 인성과 배움 덕분에 안쿠스 왕의 친구가 되자, 모든 계획의 동반자이자 왕의 동료나 다름없다고 여겨졌네. 게다가 그는 극도로 상냥했으며, 모든 시민을 원조하고 도와주고 지키고 베풀 때 극도로 친절했네. 그래서 마르키우스[안쿠스]가 죽자 그는 인민의 만장일치 투표를 통해서 루키우스 타르퀴니우스 왕— 그는 자신의 희랍 이름을 바꿈으로써 모든 측면에서 이 인민의 관행을 따른 것처럼 보이네—으로 선출되었네. 그는 자기의 대권에 관한 법률을 제정하고 나서 먼저 원로원 의원의 수를 이전보다 두 배로 늘렸네. 그다음 먼저 의견을 물은 구[舊] 원로원 의원들을 대[大]가문 원로원 의원으로, 나중에 받아들인 원로원 의원들을 소[小]가문 원로원 의원으로 불렀네. 36. 그다음 그는 지금까지 유지되는 방식으로 기병대를 편성했네. 그는 티티에스, 람네스, 루케레스 부족의 이름을 바꾸고 싶었지만 그럴 수 없었는데, 왜냐하면 최고의 영광을 지닌 조점관 아투스 나비우스가 이를 지지하지 않았기 때문이네. 【내가 알기로는 코린토스인들도 예전에 고아와 과부에게서 받은 세금으

---

52 "erudiit"를 추가한다.
53 콤마의 위치를 옮긴다.

로 국가 소유의 말을 배정하고 키우는 데 열심이었네.】그는 기병대의 원래 부분에 새로운 부분을 추가해서 기병을 1,200명[또는 1,800명]으로 만들어 그 수를 두 배로 늘렸네.【나중에 그는 로마 인민의 국가를 위협하는, 강력하고 사나운 아이퀴인들의 종족을 전쟁에서 굴복시켰네.】그는 사비니인들을 도시의 성벽에서 물리친 다음 기병대로 그들을 흩어 놓아서 전쟁에서 완전히 이겼네. 우리가 들은 대로 그는 최초로 로마식 경기라 일컬어진 매우 큰 경기를 개최했고, 사비니 전쟁 중에 지고지선[至高至善]한 유피테르 신전을 카피톨리움 언덕에 짓겠다고 맹세했네. 그는 38년을 지배하고 나서 죽었네.

【21】37. 라일리우스: 국가는 한 시대나 일인에 의해서 수립되지 않는다는 카토님의 말씀이 이제 더 확실해지네. 왜냐하면 각각의 왕마다 좋고 유익한 것을 얼마나 많이 더했는지가 분명하기 때문이네. 그러나 내가 보기에 모든 왕 중에서 나랏일을 가장 많이 알았던 왕[세르비우스 툴리우스]이 그[루키우스 타르퀴니우스]의 뒤를 이었네.

스키피오: 맞네. 그 사람 다음으로 세르비우스 툴리우스가 최초로 인민의 명령 없이 지배했다고 전해지네. 왕의 한 피호민이 임신시킨 타르퀴니이 출신의 여종이 세르비우스를 낳았다고 하네. 노예 무리가 그를 길렀음에도, 그가 왕의 식사를 거들 때 소년 안에서 이미 빛나던 재능의 불꽃이 드러났네. 그는 모든 직무와 말에서 유능했네. 그래서 당시에 자식들이 매우 어

렸던 타르퀴니우스가 세르비우스를 좋아해서, 대중들은 세르비우스를 그의 아들이라 믿었네. 타르퀴니우스는 자기가 몸소 배운 모든 학술을 희랍인들의 매우 뛰어난 관습에 맞게 그에게 매우 열심히 가르쳤네. 38. 그러나 타르퀴니우스가 안쿠스 아들들의 음모로 죽자, 내가 앞서 말했듯이, 세르비우스는 시민들의 명령이 아니라 그들의 지지와 동의에 따라 지배하기 시작했네. 중상을 입은 타르퀴니우스가 살아 있다는 거짓 소문이 돌았을 때, 세르비우스는 왕의 옷을 입고서 판결을 내렸고, 자기 돈으로 채무자의 빚을 청산했네. 사람들에게 매우 상냥하게 굴었고, 자기가 타르퀴니우스의 명령에 따라 판결을 내린다고 사람들을 믿게 했기 때문에, 원로원 의원들에게 자기를 내맡기지 않았네. 타르퀴니우스 매장 후에 자기에 대한 의사를 인민에게 직접 물었으며, 지배하라는 명령을 받고 나서야 자기의 대권에 관한 쿠리아법을 제정했네. 우선 그는 전쟁에서 에트루리아인들의 불의에 복수했네. 그 결과 【***】

【22】 39. 스키피오: 【***】 재산이 가장 많은 18개 【백인대】. 그다음으로 그[세르비우스]는 인민 전체에서 다수의 기병을 분리했고, 남은 인민을 다섯 계급으로 나누었으며, 장년층을 청년층에서 분리했네. 그는 그들을 이렇게 구분해서 다수가 아니라 부자들이 투표를 좌우하게 했고, 최대 다수가 최대 영향력을 행사하지 못하게 했네. — 국가는 항상 이 점을 견지해야 하

네 — 여러분이 이 구분을 몰랐다면, 내가 이를 설명했을 것이네. 하지만 사실 여러분은 다음과 같이 계산된다는 것을 알고 있네. 6표를 지닌 기병 백인대[18개 백인대], 제1계급[70개 백인대], 도시에 매우 유용하도록 목수들에게 주어진 1개 백인대를 모두 더하면 89개 백인대가 되네. 남은 104개 백인대 중에서 8개만 89개에 더해지면, 인민의 과반이 확보되네. 【***】 투표자의 수가 훨씬 더 많은 나머지 96개 백인대는 투표에서 배제되지 않고(배제되면 제멋대로 행동하네), 큰 영향력을 행사하지 못할 것이네(큰 영향력을 행사하면 위험해지네). 40. 그는 이 구분을 할 때 단어와 명칭에도 주의를 기울였네. 그는 돈을 준다는 말에서 부자들을 아시두이[돈을 주는 자]라고 불렀고,[54] 자기 재산이 1,500아스[55]보다 적거나 목숨 말고 아무것도 없는 자들을 프롤레타리이[자식을 주는 자]라고 명명했네.[56] 그들로부터 자식—나라의 후손—이 기대되도록 말이네. 게다가 그때 96개 백인대 중[57] 1개 백인대의 시민 수가 제1계급 전체의 시민 수보다 많았네. 그래서 아무도 투표권을 빼앗기지 않았지만, 나라가 최선의 정체를 갖는 데 가장 큰 관심을 가졌던 자가

54 키케로는 'assidui(돈을 주는 자)'를 'as(돈)'와 'do(주다)'에서 파생된 말로 여긴다.
55 "1,100아스"로 고쳐 읽자는 Powell의 제안을 받아들이지 않는다.
56 '프롤레타리이(proletarii, 자식을 주는 자)'는 '프롤레스(proles, 자식)'에서 파생된 말이다.
57 "illarum autem sex et nonaginta centuriarum"을 삭제하지 않는다.

투표에서 가장 큰 영향력을 행사했네. 게다가 예비병, 보충병, 나팔수, 취주병, 프롤레타리이 【***】

【23】 42.[58] 스키피오: 【***】 6【5】년보다 더 오래되었네. 왜냐하면 그것[카르타고]은 첫 번째 올림피아 제전보다 39년 전[기원전 815년]에 세워졌기 때문이네. 아주 오래전에 저 유명한 뤼쿠르고스도 거의 같은 것을 알았네. 그래서 내 생각에는 이 균형과 이 삼중의 국가[59]가 우리와 저 인민들 모두에게 있었네. 그러나 가능하면 나는 우리 국가에 고유한 것이자 가장 탁월한 것을 더 상세히 추구하겠네. 왜냐하면 그것은 다른 국가에서 발견될 수 없는 것이기 때문이네. 지금까지 내가 설명한 것이 우리 나라[로마 왕정]와 라케다이몬인들의 나라와 카르타고인들의 나라에 혼합되어 있었지만, 어떤 식으로도 균형 잡히지 않았네. 43. 일인이 영원한 권력, 특히 왕의 권력을 지닌 국가—이 국가에 왕정 시기의 로마와 뤼쿠르고스의 법률을 지닌 스파르타처럼 원로원이 있고, 우리의 왕정 시기처럼 인민의 어떤 권리가 있더라도—에서 왕의 이름은 돋보이고, 이런 국가는 왕정일 수밖에 없고 왕정이라 불릴 수밖에 없네. 게다가 이런 나라는 매우 쉽게 바뀌는데, 왜냐하면 일인의 결함으로 인

---

58 41절 생략.

59 이 균형은 왕정, 귀족정, 민주정 사이의 균형을 말하고, 이 삼중의 국가는 왕정, 귀족정, 민주정이 혼합된 국가를 말한다.

해서 매우 치명적인 방향으로 곤두박질쳐서 매우 쉽게 무너지기 때문이네. 그렇지만 왕정인 나라는 비난받으면 안 될 뿐만 아니라, 아마도 다른 단일한 정체의 국가들보다 훨씬 더 높이 평가받아야 하네(내가 단일한 정체의 국가를 인정한다면 말이네). 단일한 각 정체가 자기의 정체를 유지하는 한에서 말이네. 왕정은 일인의 영원한 권력, 정의, 온갖 지혜가 시민들의 안녕, 평등, 여가를 지배하는 정체이네. 왕의 지배를 받는 인민은 전적으로 많은 것, 특히 자유를 결여하네. 자유는 우리가 정의로운 주인을 섬길 때가 아니라 주인이 없을 때 존재하네.【***】【24】 44. 스키피오:【***】 그들은 견뎌냈네. 왜냐하면 저 불의하고 가혹한 주인[타르퀴니우스 수페르부스]이 나랏일을 할 적에 꽤 오랫동안 행운이 따랐기 때문이네. 그는 전쟁을 통해서 라티움 전체를 정복했고, 풍요롭고 부유한 도시인 수에사 포메티아를 차지했네. 막대한 금은의 전리품으로 부유해지자 카피톨리움에 신전을 지어 부친의 맹세를 지켰고, 식민 도시를 만들었네. 조상들의 관례에 따라 훌륭한 선물, 이를테면 전리품 중 만물을 델포이의 아폴론에게 보냈네.

【25】 45. 이 지점에서 저 순환의 방향이 바뀌게 되네. 여러분은 처음부터 순환의 자연적인 운동과 경로를 배워서 알아야 하네. 왜냐하면 정치적 현명함—우리의 전체 대화가 다루는 주제—의 핵심은 국가의 행로와 변화를 아는 것이기 때문이네. 여러분이 각 국가가 어디로 기울어지는지 알면 이를 제지하거

나 이에 미리 대비할 수 있으니 말이네. 내가 말하는 왕[타르퀴니우스]이 우선 가장 좋은 왕[세르비우스]을 살해하여 더럽혀졌고 제정신이 아니었으며, 자기의 범죄 때문에 극형에 처해질까 봐 두려워서 남들이 자기를 두려워하기를 바랐네. 그다음으로 그는 승리와 부에 힘입어 오만해져 우쭐댔고, 자기의 행실도 자기 가족들의 욕정도 제어할 수 없었네. 46. 그래서 그의 장남이 트리키피티누스의 딸이자 콜라티누스의 아내인 루크레티아를 강간하자 그의 불의 때문에 정숙하고 고귀한 여인은 자살로 자기를 벌했네. 그때 재능과 덕에서 뛰어난 사람, 루키우스 브루투스가 자기 시민들에게서 가혹한 예속의 부당한 멍에를 몰아냈네. 그는 사인이었는데도 국가 전체를 짊어졌고, 시민들의 자유를 보존할 때 사인은 아예 없다고 이 나라에서 최초로 가르쳤네. 루크레티아의 부친과 친척들이 얼마 후에 한 불평 때문에, 또 타르퀴니우스의 오만함 및 그와 그의 아들들이 저지른 수많은 불의에 대한 기억 때문에 나라는 격분했고, 브루투스의 주도와 지도하에 나라는 왕과 그의 자식들과 타르퀴니이 씨족에게 추방을 명했네. 【26】 47. 그러면 여러분은 왕에서 주인이 나타난 것을, 일인의 결함에 의해서 좋은 종류의 국가가 매우 나쁜 종류의 국가로 전환된 것을 알지 않는가? 타르퀴니우스는 인민의 주인인데, 희랍인들은 인민의 주인을 참주라고 부르네. 그들의 주장에 따르면, 왕은 인민을 부모처럼 돌보고, 가장 좋은 삶의 조건 속에서 피지배자들을 보존하는 자이네. 내가 말했듯이, 왕정 국가는 좋은 종류의 국가이지만, 매우 치명적인 정체로 향하여 기울어지는 경향이 있네. 48. 이 왕은 더 불의한 지배로 돌아서자마자 즉시 참주가 되었는데, 그보다 더 끔찍하고 더 흉한 동물, 신들과 인간들이 더 증오하는 동물은 생각할 수 없네. 그는 인간의 모습을 하고 있지만, 야만적인 행실이란 점에서 가장 괴상한 짐승을 능가했네. 자기와 자기의 시민들 사이에서, 더 나아가 자기와 전 인류 사이에서 법의 공유를, 인간 사회를 바라지 않는 자를 인간이라고 옳게 말할 수 있겠는가? 그러나 우리에게는 이런 사람에 대해서 말할 더 적절한 기회가 있을 것이네.[60] 이 주제가 심지어 이미 자유롭게 된 나라에서 지배를 탐내는 자들을 비난하라고 우리에게 권할 때 말이네.

【27】 49. 그래서 여러분에게 참주가 최초로 생겨나네. 왜냐하면 희랍인들은 참주라는 이름이 불의한 왕에 대한 이름이기를 원했기 때문이네. 반면에 우리 나라 사람들은 인민에 대한 영구 권력을 홀로 가진 사람을 모두 왕이라 불렀네. 그래서 스푸리우스 카시우스와 마르쿠스 만리우스와 스푸리우스 마일리우스는 왕권을 차지하고 싶었다고 말해졌네. 최근에 【***】

【28】 50. 스키피오: 【***】 라케다이몬에서 그[뤼쿠르고스]는

---

60 이 논의는 남아 있지 않다.

[그들을 원로라고] 불렀네. 왕에게 최고 대권이 있는데도, 그는 최고 심의권이 상당히 적은 수(28명)인 그들의 수중에 있기를 원했네. 우리 나라 사람들은 그를 똑같이 따라 했고, 그의 [용어를] 번역해서, 로물루스가 원로원 의원들을 뽑고 나서 했다고 우리가 말했듯이, 우리 나라 사람들은 뤼쿠르고스가 원로라고 부른 사람들의 모임을 원로원이라 명명했네.[61] 그럼에도 불구하고 왕의 힘과 권력과 이름이 탁월하고 돋보인다네. 뤼쿠르고스와 로물루스처럼 인민에게 일정 정도 권력을 부여해 보세. 자네는 인민에게 자유를 맛볼 기회만 줘서, 자유를 만끽하게 하는 게 아니라 자유를 향한 욕망을 불붙일 것이네. 왕이 불의하게 될지(흔히 일어나는 일이지)도 모른다는 두려움이 항상 인민을 위협할 것이네. 따라서 내가 앞서 말했듯이, 일인의 의지나 성품에 달려 있는 인민의 행운은 깨지기 쉽네.

【29】 51. 그러면 이것이 참주의 최초 형태와 모습과 기원이라고 하세. 우리는 이것을, 플라톤이 상세히 저술한 것처럼, 그의 대화편[『국가』]에서 소크라테스가 묘사한 국가가 아니라, 로물루스가 조점을 치고 나서 세운 국가에서 발견했네. 우리는 타르퀴니우스가 새로운 권력을 획득해서가 아니라 자기가 가진 권력을 불의하게 사용해서 어떻게 왕정인 나라 전체를 전복했는지 알아냈네. 이 사람과 대비되는 다른 사람이 있다고 하세.

---

61 '원로원(senatus)'은 '원로(senex)'에서 파생된 말이다.

그는 좋고 지혜로우며 나라의 유익과 위신을 잘 아는 사람, 이를테면 국가의 보호자이자 관리자라네. 나라의 통치자이자 지휘자가 될 사람이 누구든 국가의 보호자이자 관리자로 불리게 하세. 이 사람을 알아보세. 이 사람이 슬기와 노고로 나라를 지킬 수 있는 자이네. 이 개념[통치자]을 지금까지 우리의 대화에서 많이 다루지 않았기 때문에, 남은 대화에서 우리는 이런 종류의 사람을 더 자주 다루어야만 하겠네. 【***】

【30】 52. 스키피오: 【*** 플라톤은 *** 원인을】 찾았고, 실현 가능한 나라보다 이상적인 나라를 만들어 냈다네. 그 나라는 가능한 한 작고, 존재할 수 없을지라도 정치 이론을 통해서 파악될 수 있었네. 그러나 내가 이것을 이룰 수 있다면, 나라의 그림자와 영상이 아니라 매우 뛰어난 국가에 플라톤이 알았던 것과 동일한 이론을 적용하여, 국가의 좋은 것과 나쁜 것 각각의 원인을 마치 지시봉으로 가리키듯이 보이는 데 힘쓰겠네. 사실 왕정은 240년 동안 지속하였네(간왕의 기간이 포함되면 좀 더 오래 지속하였지). 타르퀴니우스가 쫓겨나자 로마 인민은 왕이라는 이름을 크게 증오했네. 로물루스가 죽자, 아니 오히려 이 세상을 떠나자 그를 그리워한 만큼 말이네. 그래서 그때는 왕이 없을 수 없었지만, 타르퀴니우스가 쫓겨난 이후 왕이라는 이름은 들을 수 없었네. 그가 …… 기회를 …… 때 【***】

【31】 53. 스키피오: 【***】저 법률[62]은 전부 폐지되었네. 그
때 이런 생각 때문에 우리 조상들은 타르퀴니우스와의 혈연관
계를 의심해서 무고한 콜라티누스를 쫓아냈고, 타르퀴니우스
라는 이름을 혐오해서 남아 있는 타르퀴니우스 가문도 쫓아냈
네. 이와 동일한 생각 때문에 푸블리우스 발레리우스도 대중 집
회에서 말하기 시작했을 때 최초로 권표를 내리라고 명했고, 툴
루스 왕이 거주했던 벨리아의 높은 곳에 자기 집을 짓기 시작
한 일로 인해서 인민의 의심이 일어났다고 느끼자 자기 집을 벨
리아의 기슭으로 옮겼네. 그는 인민의 아첨자[63]라는 별명이 가
장 잘 드러난 행위를 했는데, 어느 정무관도 상소권 허용 없이
로마 시민을 죽이거나 채찍질하면 안 된다는 법률—백인대 민
회에서 최초로 통과된 법률—을 인민에게 제안했네. 54. 그럼
에도 대제관의 책은 왕정 시절에도 상소권이 있었음을 보여 주
고, 우리의 조점관의 책도 이를 알려주고 있네. 마찬가지로 12
표법의 여러 법률은 모든 판결과 처벌에 대해서 상소가 가능했
음을 일러주네. 법률을 제정한 10인관이 상소 면제권을 지닌
채 선출되었다는 전승은 다른 정무관들에게 상소 면제권이 없
었음을 충분히 보여 주네. 게다가 화합을 위해서 지혜롭게 인

---

62 저 법률은 타르퀴니우스 씨족이 망명할 때 로마에 있는 재산의 반출을 허
   용하는 법률을 말한다.
63 'publicola(인민의 아첨자)'는 'populum colere(인민에게 아첨하다)'에서
   파생된 말이다.

민의 편을 든 사람들, 루키우스 발레리우스 포티투스와 마르쿠스 호라티우스 바르바투스가 제안한 집정관에 관한 법률은, 상소 면제권을 지닌 정무관은 아무도 선출되지 말라는 것이었네. 여러분도 알다시피, 세 명의 포르키우스가 각자 제안한 세 가지 포르키우스법은 처벌 규정을 제외하면 새로운 것을 덧붙이지 않았네. 55. 어쨌든 푸블리콜라[푸블리우스 발레리우스]는 상소권에 관한 법률이 통과되자 즉시 권표에서 도끼를 빼라고 명했네. 다음날 스푸리우스 루크레티우스를 자신의 동료로 새로 뽑았고 그가 연장자여서 자신의 길나장이들로 하여금 그에게 가라고 명했네. 길나장이들이 격월로 한 명의 집정관 앞으로만 가는 관행을 최초로 도입했네. 대권의 상징이 왕정 시절보다 인민이 자유로운 시절에 더 많이 있지 않도록 말이네. 내가 알기로 그는 전혀 평범한 사람이 아니었네. 그는 적당량의 자유를 인민에게 줘서 제일 시민들의 권위를 좀 더 수월하게 유지했네. 나는 지금 이토록 오래되고 이토록 진부한 것을 여러분에게 이유 없이 되풀이하는 게 아니라, 저 빛나는 인물과 시대 속에서 사람들과 행위들의 본보기들을 분명히 밝혀, 남은 이야기가 이런 본보기들을 따르게 하겠네.

【32】56. 어쨌든 그때 원로원은 다음과 같은 상태에서 국가를 유지했네. 인민은 자유롭지만 몇 가지 일이 인민을 통해서 처리되었을 뿐, 대부분의 일은 원로원의 권위에 의해서, 또 관례와 관습에 따라서 처리되었네. 집정관들의 임기는 오직 1

년이었지만 본성적으로나 법적으로나 왕과 같은 권력이었네. 귀족들의 권력을 보존하는 데 가장 중요한 것—원로원 의원들의 권위가 승인하지 않으면 인민 민회의 결정은 무효—은 굳건히 유지되었네. 최초의 집정관들이 임명되고 나서 거의 10년이 지나자 독재관(티투스 라르키우스) 또한 임명되었는데[기원전 494년], 새로운 종류의 대권이 왕정의 대권과 매우 유사해 보였네. 그럼에도 불구하고 최고 권위를 지닌 제일 시민들은 인민의 양보로 모든 것을 장악했고, 독재관이든 집정관이든 최고 대권을 부여받은 매우 용감한 사람들은 그 당시 전쟁에서 큰 업적을 이루었네. 【33】 57. 그러나 얼마 후—대략 16년 후, 포스투무스 코미니우스와 스푸리우스 카시우스가 집정관이었을 때[기원전 493년]—에 사물의 본성 자체가 일어나도록 강제한 사건이 일어났지.[64] 왕에서 해방된 인민은 자신들을 위해서 좀 더 많은 권리를 요구했네. 이때는 아마 이성이 발휘되지 않았고, 국가의 본성이 자주 이성을 압도하네. 그러니 내가 처음에 말한 것을 명심하게. 권리와 의무와 직무의 동등한 균형이 나라에 없어서 정무관들에게 충분한 권력이 없고, 제일 시민들의 심의에 충분한 권위가 없고, 인민에게 충분한 자유가 없다면, 이런 국가의 정체는 변함없이 보존될 수 없을 것이네. 58. 나라가 빚 때문에 동요했을 때, 평민이 처음에는 성산을, 그다음에는

---

64 "consecutus" 대신에 "consecutum"으로 읽는다.

아벤티누스 언덕을 점거했네[기원전 494년]. 【뤼쿠르고스의 규율조차 희랍인들에게 재갈을 물리지 못했네. 스파르타에서 테오폼포스가 지배할 때 스파르타에서도 에포로이[감독관]로 불리는 5인과 크레타에서 코스모이[질서를 유지하는 자]로 불리는 10인은 왕의 권력을 견제하기 위해서 임명되었는데, 이는 호민관이 집정관의 대권을 견제하기 위해서 임명된 것과 같네.】

【34】59. 아마도 우리 조상들은 빚을 탕감하는 어떤 방법을 지녔던 것 같네. 그 방법을 아테네인 솔론은 얼마 전에 알았고[기원전 6세기 초], 우리 원로원은 상당히 나중에 알았네[기원전 4세기 말]. 일인[루키우스 파피리우스]의 욕정 때문에 시민들의 모든 채무가 소멸했고, 이후 채무로 인한 예속은 중단되었네. 그런데 평민이 국가의 재난으로 인한 지출 때문에 약해지고 무력해지자, 모두의 안녕을 위해서 이런 부담의 어떤 완화책과 치료책이 늘 추구되었네. 하지만 그때는 이런 조치가 취해지지 않아서 인민에게 내란의 명분이 생겼네. 그 결과 원로원의 권력과 권위를 줄이도록 호민관 두 명이 선출되었네. 그럼에도 불구하고 원로원의 권력과 권위는 여전히 강하고 컸네. 왜냐하면 매우 지혜롭고 매우 용감한 사람들이 무기와 슬기로 나라를 지켰기 때문이라네. 그들의 권위는 최고 절정에 달했네. 왜냐하면 그들은 쾌락에서는 남들보다 못했으며, 부에서는 남들보다 거의 앞서지 못했어도, 명예에서는 남들보다 훨씬 우월했기 때문이라네. 그들은 사적인 일에서 수고와 조언과 재산으로

각 시민을 매우 정성껏 돌보았기 때문에, 그들 각자의 덕은 나랏일에서 더 많은 감사를 받았네.

【35】60. 국가의 정체가 이러했을 때, 왕국을 차지하고자 기도했고 인민들 사이에서 최고 인기와 명성을 누린 스푸리우스 카시우스를 재무관이 고발했네[기원전 485년]. 여러분도 들었듯이, 카시우스의 부친은 아들이 유죄임을 알았다고 말했고, 인민의 동의하에 아들을 사형에 처했네. 감사를 받을 저것조차 【***】

최초의 집정관들이 선출된 지 약 54년 후[기원전 454년]에 집정관인 스푸리우스 타르페이우스와 아울루스 아테르니우스가 백인대 민회에서 벌금과 분쟁공탁금에 관한 [법률을] 제정했네. 20년 후[기원전 434년, 역사적으로는 기원전 430년]에 감찰관인 루키우스 파피리우스와 푸블리우스 피나리우스가 벌금 부과를 통해서 개인 소유의 가축 떼를 국고로 귀속시켰기 때문에, 집정관인 가이우스 율리우스와 푸블리우스 파피리우스가 제정한 법률에 의해서 벌금으로 내는 가축의 가치가 낮아졌네.

【36】61. 그러나 여러 해 전 원로원이 최고 권위를 지닌 반면 인민이 인내하고 복종했을 때, 집정관들과 호민관들이 정무관직에서 물러나고, 상소 면제권과 최고 권력을 지닌 10인관이 선출되는 조치[기원전 451년]가 취해졌네. 10인관이 최고 대권을 지닌 채 법률을 제정하도록 말일세. 그들은 10표의 법률을 가장 공정하고 현명하게 제정한 다음, 이듬해에 활동할 10인

관을 뽑았는데, 후임자들의 신의와 정의는 전임자들만큼 칭송 받지 못했네. 그럼에도 불구하고 10인관 단[團] 중 가이우스 율리우스에 대한 칭송이 두드러졌네. 귀족인 루키우스 세스티우스의 침실에서 시체가 발굴되었을 때 율리우스는 자기가 현장에 있었다고 말했는데, 상소 면제권과 최고 권력을 지닌 10인관 중 한 사람이었는데도 세스티우스에게 출두 보증인을 요구했네. 왜냐하면 그는 백인대 민회가 아닌 곳에서, 로마 시민의 목숨에 대하여 판결을 금하는 훌륭한 법률을 무시하지 않겠다고 말했기 때문이라네.【37】62. 10인관 위원회가 3년째였을 때, 같은 자들이 10인관이었고, 새로운 10인관을 뽑고 싶어하지 않았네. 국가의 이러한 정체—내가 이미 자주 말했듯이, 나라의 모든 신분을 평등하게 대하지 않았기 때문에 오래 지속될 수 없는 정체—에서는 국가 전체가 지도자들의 수중에 있었다네. 매우 고귀한 10인관이 주도했고, 호민관들이 반대하지 않았으며, 다른 정무관들이 추가로 뽑히지 않았고, 살인과 채찍질에 대한 상소가 인민에게 허용되지 않았네. 63. 그리하여 이 10인관의 부정의로부터 매우 큰 소요와 국가 전체의 변화가 갑자기 생겨났네. 10인관이 불의한 법률의 2표를 추가로 제정했을 때, 평민과 원로원 의원 간의 혼인—보통 이런 혼인은 다른 나라 인민들에게 허용되네—의 금지를 매우 비인간적인 법률로 제정했네[12표법 11표 1]. (나중에 이 법률은 카눌레이우스의 평민 결의로 폐지되었네[기원전 445년]) 10인관은 지배 기간

내내 제멋대로, 무자비하게, 탐욕적으로 인민을 다스렸네. 분명히 다음 사건은 수많은 문헌 기록을 통해 알려지고 유명해졌지. 10인관 중 일인의 무절제 때문에 데키무스 베르기니우스라는 자가 처녀인 딸을 광장에서 자기 손으로 죽였고, 울면서 그당시 알기두스 산에 있던 군대로 도피했네. 군인들은 참전 중인 전쟁을 그만두었네. 이전과 유사한 상황에서 그랬듯이, 처음에는 성산을, 그다음에는 아벤티누스 언덕을[기원전 449년] 【***】

스키피오: 【***】 나는 우리 【조상들이】 [그 정체를] 가장 많이 인정했고 가장 지혜롭게 유지했다고 판단하네.

【38】 64. 스키피오가 이렇게 말하자, 모두가 침묵하면서 그의 남은 말을 기다렸다네.

투베로: 아프리카누스님, 여기에 계신 연장자들께서 외삼촌께 아무 질문도 안 하기 때문에, 제가 외삼촌의 말씀에서 아쉬워하는 점을 들으시겠습니까?

스키피오: 물론이지. 기꺼이 듣지.

투베로: 제가 보기에 외삼촌께서는 우리 국가를 칭송하신 것 같습니다. 라일리우스님께서는 외삼촌께 우리 국가가 아니라 국가 일반에 대해서 질문하셨지만 말입니다. 그렇지만 외삼촌께서 칭송하시는 국가를 우리가 어떤 규율이나 관습이나 법률로 수립하거나 보존할 수 있는지 저는 외삼촌의 말씀에서 배우지 못했습니다.

【39】 65. 스키피오: 투베로, 내 생각에는 나라의 설립과 보존에 대해서 논의할 더 적합한 기회가 우리에게 곧 있을 것이네. 그러나 나는 적어도 최선의 정체에 대한 라일리우스의 질문에 충분히 답했다고 여겼네. 왜냐하면 나는 먼저 세 종류의 인정받을 만한 나라와 이에 반대되는 세 종류의 파멸적인 나라를 정의했고, 그다음으로 이들 나라 중 최선의 나라는 없지만, 처음 세 종류의 인정받을 만한 나라들을 적절히 혼합한 나라가 그것들 하나하나보다 우월하다는 점을 [보여 주었기] 때문이네. 66. 그런데 내가 우리 나라를 본보기로 사용한 것은 최선의 정체를 정의하는 데 기여해서가 아니라 — 왜냐하면 그건 본보기 없이 가능하기 때문이네 — 이론과 말로 기술되는 것이 어떤 것인지를 실제로 가장 위대한 나라를 통해서 알게 할 목적이었네. 그러나 자네가 특정 인민의 본보기 없이 최선의 정체 자체를 찾는다면, 우리는 자연의 본[우주]을 사용해야 하네. 왜냐하면 자네가 도시와 인민의 이 본을 【***】

【40】 67. 스키피오: 【***】 나는 【그를】 오래전부터 찾아 왔고, 그에게 가고 싶네.

라일리우스: 아마도 자네는 현명한 자를 찾고 있지?

스키피오: 바로 그렇네.

라일리우스: 자네는 여기 참석자 중 상당수를 찾을 수 있네. 아니면 자네부터 시작해 보게.

스키피오: 원로원 전체에 그와 같은 비율로 현명한 자들이

있었으면 좋았을 텐데! 그러나 우리가 아프리카에서 종종 보았듯이, 무시무시하고 거대한 짐승[코끼리] 위에 앉아서 그놈을 제어하고 지배하며 가벼운 경고나 접촉을 통해서 원하는 곳으로 저 야수를 돌리는 자가 현명한 자이네.

라일리우스: 알고 있네. 내가 자네의 천인 대장이었을 때[기원전 147년~기원전 146년] 종종 보았네.

스키피오: 그러므로 저 인도인이나 카르타고인은 하나의 짐승을, 그것도 유순하고 인간의 습성에 친숙한 짐승을 제지하네. 그러나 인간의 정신에 숨어 있는, 지성이라 불리는 정신의 부분은, 하나의 짐승이나 굴복시키기 쉬운 짐승에 재갈을 물려 길들이는 것만 하지 않네. 만약에 거의 불가능한 일을 언젠가 해낸다면 말이네. 왜냐하면 저 사나운 짐승도 붙들어야 하기 때문이네. 【***】

【42】 69.⁶⁵ 스키피오: 【***】 말해질 수 있네.

라일리우스: 내가 기대한 사람이자, 자네가 의무와 직무를 부여하는 사람을 이미 보고 있네.

스키피오: 분명히 그에게 거의 하나의 의무—나머지 것들은 이 의무에 거의 다 포함되네—가 있네. 하나의 의무란 그가 자기 자신을 가르치고 관조하는 일을 절대 그만두지 않는다는 것, 자기 자신을 본받으라고 다른 사람들에게 호소한다는 것,

---

65 68절 생략.

자기 자신의 빛나는 정신과 삶으로 자기 자신을 시민들에게 마치 거울처럼 보여준다는 것이네. 현악기나 피리, 노래와 목소리의 경우—잘 훈련된 귀는 바뀐 화음이나 불협화음을 견딜 수 없네—에 어떤 화음은 서로 다른 소리로 유지되어야 하며, 서로 다른 목소리의 조절을 통해 화합과 조화가 이루어지듯이, 나라도 소리처럼 최고 신분과 최하 신분과 둘 사이의 중간 신분의 적절한 혼합을 통해서 서로 다른 사람들의 동의로 조화를 이루네. 음악가가 노래에서 화음이라 부르는 것이 나라에서는 화합이며, 모든 국가에서 가장 긴밀하고 가장 좋은 안전띠이네. 이것은 정의 없이 어떤 식으로도 불가능하네. 【***】

【44】 70. 필루스: 【***】 정의로 가득 차 있습니다.

스키피오: 진실로 나는 동의하네. 그리고 여러분에게 다음을 선언하네. '불의 없이 국가가 존재할 수 없다'는 주장은 거짓일 뿐만 아니라 '극도의 정의 없이 국가가 전혀 운영될 수 없다'는 주장도 완전히 참이라고 밝혀지지 않는다면, 국가에 관해서 지금까지 우리가 한 말은 아무것도 아니라고 우리가 생각해야 하거나 더 이상의 진전은 불가능하다고 말이지. 그런데 괜찮다면 오늘은 여기까지 하세. 꽤 많이 남아 있으니, 남은 논의는 내일로 미루세.

모두가 동의하자, 그날의 논의는 끝났네.

2권 단편

1. 네 번째 것인 근심은 쉽게 슬퍼하고 한탄하며 항상 자기를 괴롭힌다.[66]

2. 그런데 연민에 사로잡히거나 공포와 비겁함으로 인해서 낙담하면, 괴로움이 있다.[67]

3. 서투른 마부가 마차에 끌려가 짓밟히고 찢기고 깨지듯이,[68]

4. 그것은 피로 양육되고, 사람들의 무자비한 죽음으로도 거의 만족하지 못할 만큼 매우 잔인하게 날뛴다.[69]

5. 세 종류의 정체, 즉 왕정, 귀족정, 민주정이 적절히 섞여 있고, 처벌을 통해서 미개하고 사나운 정신을 불러일으키지 않을 국가가 최선의 정체를 갖는다.[70]

6. 그러나 욕심 많고 간절히 바라며 욕정에 차 있고 쾌락 속에서 뒹구는 사람에게[71]

7. 그래서 로물루스의 빛나는 정체가 거의 220년 동안 확고히 유지되었을 때,[72]

---

66 노니우스, 72.34. Ziegler 편집본 2권 68절.
67 노니우스, 228.18. Ziegler 편집본 2권 68절.
68 노니우스, 292.38. Ziegler 편집본 2권 68절.
69 노니우스, 300.29. Ziegler 편집본 2권 68절.
70 노니우스, 342.39. Ziegler 편집본 2권 41절.
71 노니우스, 491.16. Ziegler 편집본 2권 68절.
72 노니우스, 526.10. Ziegler 편집본 2권 53절.

8. 정의는 밖을 바라보며 전체가 튀어나와서 눈에 띈다.[73]

9. 다른 것들보다도 덕이 남들의 유익을 위해서 자기를 전부
   주고 바친다.[74]

10. 종종 지적인 기만으로 최고의 변론을 조롱하곤 했던 카르
    네아데스에게 여러분이 반론하라고[75]

---

73   노니우스, 373.30. Ziegler 편집본 3권 11절.

74   노니우스, 299.30. Ziegler 편집본 3권 11절.

75   노니우스, 263.8. Ziegler 편집본 3권 9절.

3권

서문

【1】 1. (1) 자연은 생모가 아니라 계모처럼 인간을 낳았다. 인간의 신체는 벌거벗고 나약하며 허약한 반면, 인간의 정신은 괴로움 앞에서 근심하고 두려움 앞에서 비굴하며 고생 앞에서 유약하고 욕정에 쉽게 사로잡힌다. 하지만 정신 안에 재능과 지성이라는 일종의 신적인 불이 숨어 있다.[76]

【2】 2. (3)【***】[지성은] 운송 수단을 통해서 느림을 [극복했고], 인간이 무질서한 목소리로 불완전하고 뒤섞인 소리를 내고 있음을 알아차리자, 목소리를 분절해서 몇 부분으로 구분했고, 일종의 신호처럼 단어를 사물에 배정했으며, 서로 간에 가장 즐거운 끈인 언어를 통해서 이전에 따로 떨어져 있었던 인

---

76 아우구스티누스, 『율리아누스에 대한 반박』, 4.12.60. 화자는 키케로.

간들을 결합했다. 또 지성은 발명된 몇몇 문자를 통해서 무한한 소리로 보인 모든 목소리를 표시하고 표현했다. 문자를 통해서 부재자와의 대화가 이루어지고, 의사가 표시되며, 과거사가 기록되었다. 여기에 숫자가 추가되었는데, 그것은 삶에 필요할 뿐만 아니라 유일하게 불변하고 영원하기도 하다. 숫자는 최초로 우리로 하여금 하늘을 쳐다보게 했고, 별의 운동을 헛되이 바라보지 않게 했으며, 【낮】과 밤의 계산으로 【＊＊＊】

3. (5권 【4】 6) 【＊＊＊】 최선자들이 칭송과 영예를 추구하고 치욕과 불명예를 회피하는 【나라에서】 …… 사실 그들은 법률로 제정된 공포와 처벌보다는 수치심을 무서워하는데, 그건 자연이 인간에게 정당한 비난에 대한 두려움처럼 준 것이다. 저 국가 통치자는 여론을 통해서 수치심을 널리 퍼뜨리고, 제도와 규율을 통해서 수치심의 효력을 극대화해서, 부끄러움도 공포 못지않게 시민들의 범죄를 억제했다. 이것들은 참으로 칭송받으며, 더 광범위하고 더 풍부하게 말해질 수 있었다. (5권 【5】 7) 게다가 삶과 삶의 향유를 위해서 정당한 혼인, 합법적인 자식들, 페나테스[가정의 신]와 라레스[가문의 수호신]의 신성한 거처에 대한 조치가 강구된 결과, 모든 사람이 공동의 이익과 자신의 이익을 누렸다. 더 나아가 좋은 국가 없이 잘 살 수 없고, 잘 수립된 나라보다 더 행복한 것은 없다. 그렇기 때문에 무엇이 대단히 …… 인지가 나에게 대단히 놀라워 보이곤 했다. 【＊＊＊】

【4】4. (7) 【***】지혜가 있었다. 그렇지만 두 종류의 방식에 다음과 같은 차이가 있었다. 저들[철학자]은 자연이 최초로 준 것을 말과 기술로 발전시킨 반면, 이들[통치자]은 제도와 법률로 발전시켰다. 사실 이 하나의 나라[로마]는 현자—저들은 현자라는 이름을 매우 엄격히 적용하기 때문이다—를 배출하지 못했어도 적어도 최고의 칭송을 받을 만한 많은 인물을 배출했다. 왜냐하면 그들은 현자들이 발견한 것과 그들의 지침을 실행했기 때문이다. 게다가 오래 지속될 수 있는 국가를 세우는 일은 이 세상에서 최고의 슬기를 필요로 하기 때문에, 칭송받아야 하는 나라는 얼마나 많고, 얼마나 많았던가! 우리가 국가마다 한 명의 그런 인물을 배정할 수 있다면, 탁월한 사람들의 무리는 얼마나 많이 발견될 수 있는가! 그런데 우리가 이탈리아에 있는 라티움, 같은 지역에 있는 사비니족이나 볼스키족, 삼니움, 에트루리아, 마그나 그라이키아를, 그다음으로 아시리아인들, 페르시아인들, 카르타고인들, 이 …… 을 마음속에서 살펴보고 싶다면, 【***】

【3】5. (4) 【***】그들의 정신은 더 높이 고양되었고, 내가 앞서 말했듯이, 신의 선물에 알맞은 뭔가를 만들어 내거나 고안해 낼 수 있었다. 그렇기 때문에 우리는 삶의 방식에 관해 논의하는 자들을 위대한 사람으로 여기자(실제 그들은 위대한 사람이다). 그들을 배운 자들, 진리와 덕의 선생으로 여기자. 다양한 국가를 많이 경험한 사람들이 고안했든, 저들[철학자]이 여

가 중에 저술 속에서 다루었든, 정치학과 인민의 훈련은 절대 경멸받아서는 안 된다(실제 그것들은 경멸받지 않는다). 그것들은, 과거에도 매우 자주 그랬듯이, 좋은 재능 안에서 믿기 힘든 어떤 신적인 덕이 발생하게 한다. (5) 그런데 누군가가 이 책에서 논의한 사람들처럼 본성과 정치 제도를 통해서 획득한 정신 능력에 세상에 대한 더 풍부한 인식과 학문을 더해야 한다고 생각했다면, 다른 모든 사람보다 그들을 선호하지 않을 사람은 아무도 없다. 위대한 일의 취급과 경험에 저 학술에 대한 연구와 인식이 더해지는 것보다 더 뛰어날 수 있는 것은 무엇이겠는가? 푸블리우스 스키피오, 가이우스 라일리우스, 루키우스 필루스보다 더 완벽하다고 생각될 수 있는 것은 무엇이겠는가? 그들은 저명한 사람들이 받는 최고의 칭송을 놓치지 않기 위해서 조상들의 전통적인 관습에다 소크라테스로부터 유래한 외래 학문을 덧붙였다. (6) 그렇기 때문에 내 생각에는 이 두 가지—조상들의 관습뿐만 아니라 학문—를 교육받기를 원했고 할 수 있었던 자가 칭송받을 만한 모든 것을 성취했다. 그러나 현명함의 두 가지 길 중 하나를 택해야 한다면, 최고의 연구와 학술 속에서 조용히 지내는 삶의 방식이 그에게 더 행복해 보이더라도, 정치 활동을 하는 삶의 방식이 확실히 더 칭송받을 만하고 더 빛난다. 이 삶이 최고인 사람들에게 영예를 가

져다준다. 예컨대 "아무도 칼이나 금으로 이길 수 없었던"[77] 마니우스 쿠리우스 또는 【***】

필루스의 말

6. (불확실한 자리의 단편 7) 우리가 그의 방해로 인해서 결승점에서 돌아왔기 때문에 ⋯⋯[78]

【5】 7. (8) 필루스: 여러분은 제가 사악함을 변호하기를 바랄 때, 저에게 대단한 소송을 맡기는군요!

라일리우스: 자네가 평소처럼 정의에 반대하는 말을 하더라도, 자네가 정의에 반대한다고 생각하는 것처럼 보일까 봐 두려워할 필요는 없네. 왜냐하면 자네는 지난날의 정직과 신의의 유일한 본보기나 다름없고, 찬반 양측에 근거해서 논의하는 자네의 습관도 — 자네는 이런 식으로 진리가 매우 쉽게 발견된다고 생각하니까 — 잘 알려져 있기 때문이라네.

필루스: 좋습니다. 저는 여러분의 요청대로 하겠고, 일부러 저 자신을 더럽히겠습니다. 황금을 찾는 자들은 자기를 더럽히는 일을 마다해서는 안 된다고 생각하기 때문에, 또 우리는 정

---

77 엔니우스, 『연대기』, 단편 209.
78 세네카, 『도덕 서한』, 108.32.

의―모든 황금보다 훨씬 더 소중한 것―를 찾기 때문에, 확실히 우리는 어떤 괴로움도 피해서는 안 됩니다. 제가 남의 말을 이용하듯이, 남의 입도 이용할 수 있으면 좋으련만! 적합한 것을 단어로 …… 하는 데 익숙한 희랍인 카르네아데스가 …… 한 것을 지금은 루키우스 푸리우스 필루스가 말해야 합니다. 【***】

【8】 8. (12) 필루스: 【*** 한 사람[플라톤]은】 …… 을 발견하고 옹호한 반면, 다른 사람[아리스토텔레스]은 상당히 두툼한 책 네 권을 정의라는 주제로 채웠습니다. 저는 크뤼시포스한테서 중요하고 대단한 것을 전혀 바라지 않았습니다. 왜냐하면 그는 자기만의 방식으로 말하고, 사실의 무게가 아니라 단어의 의미로 모든 것을 따지기 때문입니다. 저 영웅들[플라톤, 아리스토텔레스]이 할 일은 누워 있는 덕[정의]―존재한다면 그것만이 유일하게 매우 관대하고 관후하며, 자기보다 모든 사람을 좋아하고, 자기보다 남을 위해서 태어났습니다―을 일으켜 세우고, 지혜에서 멀리 있지 않은 신의 옥좌에 그 덕을 놓는 것이었습니다. (13) 사실 저 영웅들에게 의지도 ― 저들에게 다른 저술 동기나 계획이 있었습니까? ― 모두를 능가하는 재능도 있었지만, 저들의 논의 주제가 저들의 의지와 능력을 압도했습니다. 실로 우리가 찾는 정의는 정치적인 것이지 자연적인 것이 아닙니다. 왜냐하면 정의가 자연적인 것이었다면, 뜨겁고 차갑고 쓰고 단 것처럼 정의로운 것과 불의한 것은 모두에게 동일했을 것이기 때문입니다.

【9】 9. (14) 지금 누군가가 파쿠비우스의 날개 달린 뱀들이 이끄는 유명한 마차를 타고서 수많은 다양한 종족과 도시를 내려다보고 눈으로 조망할 수 있다면, 그는 우선 가장 타락하지 않고, 수많은 세대와 사건의 기억을 기록으로 간직한 이집트 민족을 보았을 것입니다. 이집트인들은 아피스라 부르는 어떤 소를 신으로 여기며, 다른 많은 괴물과 각 종류의 짐승을 신격화했습니다. 그다음으로 그는 우리[로마인들]와 마찬가지로 희랍에서도 장엄한 신전이 인간의 모습을 한 신상과 함께 봉헌된 것을 보았을 것입니다. 페르시아인들은 이를 끔찍한 일로 여겼지요. 그리고 크세르크세스는 아테네인들의 신전을 태우라 명했다고 합니다. 왜냐하면 이 세상 전체가 신들의 집인데 신들이 벽 속에 갇혀 있는 것은 불경하다고 여겼기 때문입니다. (15) 나중에 페르시아인들과의 전쟁을 생각한 필리포스와 이를 수행한 알렉산드로스는 희랍의 신전에 대한 복수를 전쟁의 명분으로 내세웠습니다. 희랍인들은 후손들이 페르시아인들의 악행에 대한 영원한 증거를 눈앞에 갖도록 그 신전이 복구되면 안 된다고 생각했습니다. 흑해에 있는 타우리인들, 이집트 왕 부시리스, 갈리아인들, 카르타고인들처럼 얼마나 많은 사람이 인간을 제물로 바치는 일을 불멸의 신들이 몹시 마음에 들어하는 경건한 일로 여겼습니까! 사실 생활 방식들은 큰 차이가 나서, 크레타인들과 아이톨리아인들은 강도짓이 훌륭하다고 생각했고, 라케다이몬인들은 창으로 닿을 수 있는 모든 토지가 자기

것이라고 거듭 말했습니다. 아테네인들조차 올리브나 곡식을 산출하는 땅은 모두 자기 것이라고 공개적으로 맹세하곤 했습니다. 갈리아인들은 곡물을 손수 수확하는 것을 추하다고 여겨서 무장한 채 남의 토지에서 곡물을 수확했습니다. (16) 우리의 올리브나무밭과 포도나무밭의 가치가 높아지도록 알프스 너머의 종족들이 올리브와 포도를 못 심게 한 우리는 참으로 매우 정의로운 사람들입니다! 이렇게 할 때, 우리는 현명하게 행한다고 말해지지만, 정의롭게 행한다고 말해지지 않습니다. 이로부터 여러분은 지혜와 공정이 다르다는 것을 이해할 수 있습니다. 게다가 가장 좋은 법률과 가장 공정한 정의의 고안자인 뤼쿠르고스는 부자들의 토지를 평민에게 노예인 듯이 경작하라고 주었습니다.

【10】 10. (17) 제가 법, 제도, 관습, 풍속의 종류를 기술하고 싶었다면, 저는 수많은 종족에게 있는 다양한 것뿐만 아니라 한 도시, 특히 우리 도시에서 천 번이나 바뀐 것도 보여 주었을 것입니다. 예컨대 여기 있는 우리의 친구이자 법 해석자인 마닐리우스가 말하기를, 지금 여성의 유증과 상속에 관한 법이 있는데, 이 법은 그가 젊었을 때 보코니우스 법이 아직 제정되지 않은 시절에 있다고 말하곤 했던 법과 달랐습니다. 남성의 유익을 위해서 제정된 보코니우스 법은 여성에게 완전히 불의합니다. 여성은 재산을 가지면 왜 안 됩니까? 베스타 여신의 여제관에게 상속인이 있는데도, 자기의 모친에게 상속인이 있으

면 왜 안 됩니까? 게다가 여자들의 재산에 한도가 있어야 했다면, 푸블리우스 크라수스의 딸은 외동딸이면 합법적으로 일억 세스테르티우스를 가질 수 있는 반면, 제 딸은 왜 삼백만 세스테르티우스를 가질 수 없습니까? 【***】

【11】 11. (18) 필루스: 【*** 자연이】 우리를 위해서 법을 제정했다면, 모든 사람은 동일한 법을 쓰지, 시대마다 다른 법을 쓰지 않을 것입니다. 그러면 묻겠습니다. 법률에 복종하는 것이 정의로운 사람과 좋은 사람이 할 일이라면, 어떤 법률에 복종합니까? 아무 법률에나 복종합니까? 그러나 덕은 비일관성을 받아들이지 않고, 자연은 다양성을 허용하지 않습니다. 법률은 처벌 때문에 승인되었지, 우리의 정의 때문에 승인되지 않았습니다. 따라서 법은 전혀 자연적인 것이 아닙니다. 이로부터 자연적으로 정의로운 자들이 존재하지 않는다는 귀결이 나옵니다. 아니면 사람들은 법률에는 다양성이 있지만, 자연적으로 좋은 사람들은 자기가 생각하는 정의가 아니라 실제로 존재하는 정의를 추구한다고 말합니까? 왜냐하면 좋고 정의로운 사람이 할 일은 각자에게 합당한 것을 각자에게 주는 것이기 때문입니다. (19) 그러면 우리는 먼저 말 못 하는 짐승들에게 무엇을 주겠습니까? 평범한 사람들이 아니라 가장 위대하고 박식한 사람인 피타고라스와 엠페도클레스는 모든 동물의 법적 지위는 하나라고 선언하고, 속죄할 수 없는 처벌이 동물을 해친 자들을 위협한다고 외칩니다. 따라서 짐승에게 해를 끼치는

것은 범죄입니다. 이 범죄를 원하는 자는 【***】

【15】 12. (25) 필루스: 【***】 제가 믿건대 이 정의의 명령이 언젠가 효력을 가질까 봐 두려워서, 작은 쥐가 경작지에서 나온 것처럼 자기들도 땅에서 나왔다는 말을 꾸며낸 아르카디아인들과 아테네인들을 제외한다면 말입니다.

【16】 (26) 논의를 잘하는 자들[에피쿠로스 학파]은 이 논변에 대해서 우선 다음과 같이 말하곤 했습니다. (이 경우에 그들은 더 많은 권위를 지니지요. 왜냐하면 그들은 좋은 사람—우리가 숨김없고 솔직하기를 바라는 자—을 찾을 때, 교활하고 노회하고 악의적으로 논쟁하지 않기 때문입니다) 그들은 선성[善性]과 정의가 저절로, 그 자체로 현자를 즐겁게 해주기 때문이 아니라, 좋은 사람들의 삶이 공포와 근심, 걱정, 위험에서 벗어나기 때문에 현자가 좋은 사람이라고 말합니다. 반면에 사악한 자들의 마음에는 항상 어떤 불안감이 있고, 그들의 눈앞에는 항상 재판과 처벌이 어른거립니다. 게다가 항상 두려워하고, 어떤 처벌이 항상 곁에 있거나 항상 위협한다고 생각할 만큼 부정의에서 나오는 이득도 보상도 없습니다. 손실 【***】

【17】 13. (27) 필루스: 묻습니다. 두 사람이 있다고 합시다. 그중 한 사람은 매우 좋고 매우 공정하며 최고의 정의와 특별한 신의가 있는 반면, 다른 한 사람은 유별나게 흉악하고 대담하다면, 또 나라가 오류에 빠져서 좋은 사람을 흉악하고 악랄하고 끔찍하다고 생각하는 반면, 가장 사악한 자를 최고로 정

직하고 신의가 있다고 여긴다면, 또 모든 시민이 이런 의견을 가진 결과, 좋은 사람은 괴롭힘을 받고 고문을 당하고, 나아가 손이 절단되고 눈이 뽑히고 유죄 판결을 받고 결박되고 화형에 처해지고 추방당하고 궁핍해지고, 마지막으로 모든 사람에게 매우 비참한 사람으로 여겨지는 것이 매우 마땅한 반면, 사악한 사람은 칭송받고 존경받고 모든 사람의 사랑을 받고, 온갖 명예, 온갖 대권, 온갖 부를, 사방에서 나오는 온갖 물품을 부여받고, 마지막으로 모든 사람의 평가에 의해서 매우 좋은 사람이자 최고의 행운을 누리기에 매우 합당한 사람으로 판단된다면, 도대체 둘 중에 어떤 사람이 되고 싶은지 의심할 만큼 정신 나간 자가 있겠습니까?

【18】14. (28) 개인에게 적용되는 것이 인민에게도 적용됩니다. 정의로운 섬김보다 불의한 명령을 원하지 않을 만큼 어리석은 나라는 없습니다. 더 멀리 가지 않겠습니다. 제가 집정관이고[기원전 136년], 여러분이 저에게 조언했을 때, 저는 누만티아와 맺은 조약을 조사했습니다. 퀸투스 폼페이우스가 조약을 체결했고[기원전 140년], 만키누스도 같은 상황에 처했다는 것[기원전 137년]을 누가 몰랐겠습니까? 둘 중 매우 좋은 사람[만키누스]이 원로원 의결에 따라서 제가 제안한 법률안을 지지한 반면, 다른 사람[폼페이우스]은 매우 완강하게 자기를 변호했습니다. 수치심과 정직과 신의가 추구된다면, 만키누스가 이것들을 보여 준 반면, 계산과 슬기와 현명함이 추구된다면, 폼페

이우스가 앞섭니다. 둘 중 하나【***】

【19】15. (29) 필루스: 만약에 어떤 좋은 사람에게 도망 노예나 건강에 해롭고 유해한 집이 있는데, 자기 혼자만 이런 결함을 알면서, 이런 이유로 노예나 집을 팔려고 광고한다면, 그는 도망 노예나 유해한 집을 팔고 있다는 사실을 인정하겠습니까, 아니면 구매자에게 이런 사실을 숨기겠습니까? 만약에 그가 인정한다면 속이지 않아서 좋은 자라고 판단되겠지만, 싸게 팔거나 전혀 팔지 못할 것이기에 어리석은 자라고 판단될 것입니다. 만약에 숨긴다면 자기 이익을 돌보기에 지혜로운 자라고 판단되겠지만, 속이기에 나쁜 자라고 판단될 것입니다. 또 그가 금인데 놋쇠를 판다고, 은인데 납을 판다고 생각하는 어떤 사람을 발견한다면, 침묵하여 싸게 사겠습니까, 아니면 이 사실을 알려 비싸게 사겠습니까? 비싸게 사려는 것은 분명 어리석은 짓으로 보입니다.[79]

【20】16. (30) 필루스: 사람을 죽이지 않는 것, 남의 것에 절대 손대지 않는 것은 확실히 정의입니다. 그러면 정의로운 사람이 우연히 난파당했을 때, 허약한 자가 널빤지를 잡았다면, 그는 무엇을 하겠습니까? 그는 허약한 자를 널빤지에서 밀어내고 널빤지에 올라 그것에 의지해서 위험에서 벗어나고자 하지 않겠습니까? 특히 지켜보는 사람이 아무도 없는 바다 한

---

79   락탄티우스, 『거룩한 가르침』, 5.16.5~8.

가운데에서 말입니다. 그가 지혜롭다면 밀어낼 것이고, 밀어내지 않는다면 죽을 수밖에 없습니다. 하지만 그가 남에게 손대기보다 죽기를 원한다면 정의롭지만, 남의 목숨을 아끼고 자기 목숨을 아끼지 않기에 어리석습니다. 이와 마찬가지로 아군의 전열이 흩어지고 적들이 추격하기 시작했을 때 정의로운 사람이 어떤 말 탄 부상자와 마주쳤다면, 부상자의 목숨을 살리고서 죽음을 당하겠습니까, 아니면 부상자를 말에서 밀쳐내고서 적을 피하겠습니까? 그가 말에서 밀쳐내면 지혜로우나 나쁜 반면, 그렇지 않으면 필연적으로 정의로우나 어리석습니다.[80]

【13】17. (23) 【***】 인민의 생사여탈권을 쥐고 있는 자는 모두 참주이나, 지선[至善]자 유피테르의 이름으로 왕이라 불리고 싶어합니다. 특정인들이 부나 가문이나 어떤 영향력 때문에 국가를 장악하면, 그들은 과두정 당파이지만 귀족으로 불립니다. 인민이 최고 권력을 갖고, 모든 것을 자의적으로 지배한다면, 이는 자유라 불리지만 실은 방종입니다. 그러나 한쪽이 다른 쪽—한 사람이 다른 사람, 한 신분이 다른 신분—을 두려워할 때, 아무도 스스로를 확신하지 못하기 때문에, 인민과 권력자들 사이에 일종의 협정이 맺어집니다. 이로부터 스키피오님께서 칭송하신 혼합된 종류의 나라가 생깁니다. 사실 정의의 어

---

80   락탄티우스, 『거룩한 가르침』, 5.16.9~11.

머니는 자연이나 의지가 아니라 허약함입니다. 세 가지 —불의를 행하나 불의를 당하지 않는 것, 불의를 행하기도 하고 불의를 당하기도 하는 것, 불의를 행하지도 당하지도 않는 것—중에서 하나를 택해야 할 때, 가능하면 처벌받지 않고 불의를 행하는 것이 최선이고, 불의를 행하지도 당하지도 않는 것이 차선이며, 때로는 불의를 행하기도 하고 때로는 불의를 당하기도 하면서 항상 검투사처럼 싸우는 것이 가장 비참합니다. 그래서 첫 번째 것을 성취한 사람은 【***】

【15】 18. (24) 필루스: 【***】 지혜는 영향력을 확대하라고, 부를 늘리라고, 영역을 확장하라고 — 최고의 장군을 위한 기념비에 "그가 통치 영역을 넓혔다"라고 새겨진 칭송은, 그가 다른 나라 영토를 일부 빼앗아서 [자기 나라 영토로] 편입시키지 않았다면, 어디에서 왔겠습니까? — 최대한 많은 사람에게 명령하라고, 쾌락을 누리라고, 권력을 행사하라고, 지배하라고, 주인 노릇을 하라고 명령합니다. 반면에 정의는 모든 사람의 목숨을 살리라고, 인류를 돌보라고, 각자에게 자기 것을 주라고, 신성한 것과 공공의 것과 남의 것에 손대지 말라고 지침을 줍니다. 그러므로 지혜에 복종한다면, 그 결과가 무엇이겠습니까? 부와 권력, 영향력, 공직, 대권, 왕권이 개인이나 인민에게 생깁니다. 그런데 우리는 국가에 관해서 말하고 있기 때문에 — 국가 차원에서 행하는 일이 더 빛납니다 —, 또 법의 원리는 개인과 인민에게 모두 동일하기 때문에, 저는 인민의 지혜에 관해서 말

해야 한다고 생각합니다. 지금은 다른 사람들을 언급하지 않겠습니다. 우리 인민—아프리카누스님께서 어제 대화에서 우리 인민의 기원을 추적하셨고, 지금은 우리 인민의 통치에 의해서 이 세상이 다스려지고 있습니다—이 가장 작은 것에서 [출발하여] 모든 것 중에서【가장 크게 된 것은】정의 덕분입니까, 아니면 지혜 덕분입니까?【＊＊＊】

【21】19. (32) [라일리우스]: 그러나 우리 젊은이는 그[카르네아데스]의 말을 들을 필요가 전혀 없네. 확실히 그의 생각과 그의 말이 일치한다면, 그는 악질이지만, 그렇지 않으면(악질이 아니라고 믿고 싶네), 그의 말은 무시무시하네.[81]

20. 스피키오: 라일리우스, 나는 [정의를 옹호하는 것을] 마다하지 않았을 것이네. 여기 이 사람들이 자네 또한 우리의 대화에 어느 정도 참여하기를 원한다고 — 특히 어제 자네가 굉장히 많이 말할 거라고 우리에게 말해서라네 — 내가 생각하지 않았다면, 또 나도 이를 원하지 않았다면 말이네. 하지만 이는 불가능하네. 우리 모두는 자네에게 우리를 실망시키지 말라고 요청하네.[82]

---

81   노니우스, 324.15, 323.18.
82   아울루스 겔리우스, 『아티카의 밤』, 1.22.8.

라일리우스 말의 단편

명령과 예속의 법에 관하여

【24】 21. (36) 자연은 약자들에게 최고의 유익을 가져다주기 위해 각각의 최선자에게 지배권을 주었음을 우리가 알지 못하는가? 그러면 왜 신은 인간에게, 정신은 신체에, 이성은 욕정, 분노, 동일한 정신의 나쁜 다른 부분에 명령하는가?[83]

【25】 22. (37) 그러나 명령과 예속의 차이를 알아야 하네. 정신은 신체에 명령하고 욕정에도 명령한다고 말해지는데, 왕이 자기 시민에게 명령하거나 부모가 자식에게 명령하듯이 정신은 신체에 명령하는 반면, 주인이 노예에게 명령하듯이 정신은 욕정에 명령하네. 정신이 욕정을 제지하고 굴복시키기 때문이네. 그래서 정신이 신체를 다스리듯이, 왕, 장군, 정무관, 부모, 인민의 명령은 시민과 동맹시를 다스리는 반면, 정신의 가장 좋은 부분인 지혜가 욕정, 분노, 그 밖의 격정 등등과 같은 동일한 정신의 결함 있는 허약한 부분을 제지하듯이, 주인은 노예를 제지하네.[84]

23. 스스로 주인이 될 수 있는 자들이 남의 소유가 될 때, 불의한 종류의 예속이 있네. 그런데 이들이 종노릇을 할 때,

---

83 아우구스티누스, 『신국론』, 19.21.
84 아우구스티누스, 『율리아누스에 대한 반론』, 4.12.61.

......85

전쟁법에 관하여

【23】 24. (34) 신의나 안녕을 위해서가 아니라면 최선의 나라는 전쟁을 일으키지 않는다.[86]

25. (35) 불의한 전쟁은 명분 없이 벌어진 전쟁이다. 적들에게 복수하거나 적들을 물리치기 위한 목적이 아니라면 정의로운 전쟁은 수행될 수 없다. …… 전쟁이 포고되지 않고 선포되지 않으며 재산 반환 청구에 관한 것이 아니라면 어떤 전쟁도 정의롭다고 여겨지지 않는다.[87]

26. 그러나 우리 인민은 동맹시들을 지켜내서 모든 땅을 차지했네.[88]

자연법에 관하여

【22】 27. (33) 라일리우스: 참된 법률은 올바른 이성, 즉 자연과 일치하고 모든 사람에게 퍼져 있으며 한결같은 영원한 이성이네. 그것은 명령을 통해서 의무 이행을 요청하고, 금지를 통해서 악행을 제지하네. 그것은 선한 사람들에게 헛되이 명령

---

85 노니우스, 109.2.

86 아우구스티누스, 『신국론』, 22.6. 화자는 키케로.

87 이시도로스, 『어원』, 18.1.2~3. 화자는 키케로.

88 노니우스, 498.18.

하거나 금지하지 않지만, 명령이나 금지를 통해서 악한 사람들의 변화를 이끌어 내지 못하네. 이 법률을 개정하는 것은 옳지 않고, 이 법률의 일부를 수정하는 것은 허용되지 않으며, 이 법률 전체는 폐지될 수 없네. 우리는 원로원을 통해서든 인민을 통해서든 이 법률의 적용을 면제받을 수 없고, 섹스투스 아일리우스를 [이 법률의] 설명자나 해석자로 찾아서는 안 되네. 로마의 이 법률은 아테네의 이 법률과 다르지 않을 것이고, 지금의 이 법률은 미래의 이 법률과 다르지 않을 것이네. 오히려 영원하고 불변하는 하나의 법률이 언제나 모든 종족을 구속할 것이네. 모두의 공동 스승이자 장군과 같은 하나의 신이 있을 것인데, 이 신은 이 법률의 고안자이자 판정자이자 제안자이네. 이 법률에 복종하지 않을 사람은 자기를 피해 달아날 것이고, 인간의 본성을 무시하기 때문에 가장 큰 벌을 받을 것이네. 사람들이 생각하는 다른 처벌을 피하더라도 말이네.[89]

덕의 보상과 사악함의 벌에 관하여

【28】 28. (40) 분명히[90] 덕은 명예를 원하고, 덕의 다른 보상은 없네. 덕은 쉽게 보상을 받아들일지라도, 호되게 보상을 쥐어짜지 않네.[91]

89 락탄티우스, 『거룩한 가르침』, 6.8.6~9.
90 "paene" 대신에 "plane"로 읽는다.
91 락탄티우스, 『거룩한 가르침』, 5.18.4.

29. 자네는 이 사람[좋은 사람]에게 어떤 부, 어떤 대권, 어떤 왕권을 제시하겠는가? 그는 그것들을 인간적인 것으로 생각하는 반면, 자기의 좋은 것들을 신적인 것으로 판단하네.[92]

30a. 분명히 퓌로스의 관대함 …… 또는 삼니움인들의 풍족함이 쿠리우스에게 없었네.[93]

30b. 우리의 저명한 카토님한테서 우리가 직접 들었듯이, 카토님은 사비니에 있는 자기 집에 오셨을 때 그[쿠리우스]의 화덕을 보러 가곤 하셨네. 그곳에 앉아 전에는 적이었지만 지금은 자기의 피호민인 삼니움인들의 선물을 거절하셨네.[94]

31. 그러나 은혜를 모르는 모든 사람이나 시기하는 많은 사람이나 적대적인 강력한 사람들이 덕한테서 덕의 보상을 빼앗더라도, 참으로 덕은 많은 위로로 자기를 즐겁게 하고, 무엇보다도 자기의 영예로 자기를 지탱하네.[95]

32. [사람들은] 헤라클레스와 로물루스가 인간인데 신이 되었다[고 말한다]. …… 그들의 신체는 하늘로 올려지지 않았다. 왜냐하면 자연은 땅에서 생긴 것은 땅이 아닌 곳에 머물지 못하게 하기 때문이다.[96]

【23】33. (34) 그러나 가장 어리석은 자들조차도 감지하는

---

92   락탄티우스, 『거룩한 가르침』, 5.18.4.

93   노니우스, 132.17.

94   노니우스, 522.26.

95   락탄티우스, 『거룩한 가르침』, 5.18.4.

96   아우구스티누스, 『신국론』, 22.4. 화자는 키케로.

벌—가난, 추방, 구금, 채찍질—을 개인들은 종종 빨리 죽어서 피한다. 그러나 개인을 벌에서 구해주는 것처럼 보이는 죽음이 나라에는 벌이다. 왜냐하면 나라는 영원히 지속되도록 세워져야 하기 때문이다. 따라서 죽을 수밖에 없을 뿐만 아니라 죽음을 매우 자주 바라기도 하는 사람에게 자연사가 있는 것과 달리 국가에는 자연사가 없다. 나라가 멸망하고 없어지고 소멸할 때, 이는 (우리가 작은 것과 큰 것을 비교하면) 이 세상 전체가 사라지고 무너지는 것과 어느 정도 유사하다.[97]

라일리우스 말의 결론

【29】 34. (41) 【***】 아시아에서 …… 티베리우스 그라쿠스는 계속 시민의 편을 든 반면, 동맹시들과 라틴인들의 권리와 조약을 무시했네. 이런 관습과 방종이 더 널리 퍼지기 시작해서 우리의 지배의 근거를 정의에서 힘으로 바꾼 결과, 지금까지 우리에게 자발적으로 복종하는 자들이 공포에 사로잡힌다면, 이 시대를 사는 우리가 이를 경계했을지라도, 나는 우리의 후손과 국가의 불멸이 걱정되네. (국가가 조상 전래의 제도와 관습에 따라 살았더라면 영원할 수 있었겠지만 말이네)

【30】 (42) 라일리우스가 이렇게 말하자, 모든 참석자는 라

---

97 아우구스티누스, 『신국론』, 22.6. 화자는 키케로.

일리우스 덕분에 대단히 기뻐하는 모습을 보였으며, 다른 사람들보다도 스키피오가 기쁨에 들떠 말했다.

스키피오: 라일리우스, 자네는 많은 소송을 자주 변호했네. 우리의 동료인 세르비우스 갈바(자네는 그의 생전에 그가 모든 사람보다 낫다고 여겼지)뿐만 아니라 어떤 아테네인 연설가도 ……【매력의 측면에서】자네[보다 못하다고] 내가 [여길 만큼 말이네]. 【***】

【31】 35. (43) 스키피오: 【***】 가지고 돌아오네. 그러므로 모든 사람이 일인의 잔인함에 의해서 억압받고, 법의 속박도 없고 모임의 동의와 사회(인민)도 없을 때, 누가 그것을 인민의 것(국가)이라 부르겠는가? 시라쿠사인들도 이와 마찬가지네. 저 빛나는 도시를 티마이오스는 희랍의 도시 중 가장 크고 모든 도시 중 가장 아름답다고 말하는데, 구경할 가치가 있는 성채, 도시의 내부와 집 벽에 이르기까지 물이 흘러드는 항구, 넓은 길, 주랑, 신전, 성벽은, 디오뉘시오스가 지배하는 동안에도 그 도시를 국가로 만들지 못했네. 왜냐하면 인민의 것은 없었으며, 인민은 일인의 것이었기 때문이네. 그러므로 내가 어제 말했듯이, 참주가 있는 곳에 결함 있는 국가가 있는 것이 아니라, 지금 이성이 강제하듯이, 분명 국가가 없다고 말해야 하네.

【32】 (44) 라일리우스: 자네의 말은 정말 훌륭하네. 나는 지금 자네의 말이 어디로 가는지 알고 있네.

스키피오: 그렇다면 과두정 당파가 완전히 통제하는 국가조차 국가라고 참되게 말해질 수 없다는 것을 자네는 알고 있지?

라일리우스: 나는 그렇다고 분명히 판단하네.

스키피오: 자네는 매우 올바르게 판단하네. 펠로폰네소스 대전[大戰]이 끝나고 나서 유명한 30인이 저 도시[아테네]를 매우 불의하게 다스렸을 때, 아테네인들의 것은 무엇이었는가? 나라의 오래된 영광, 도시의 훌륭한 광경, 극장, 체육관, 주랑, 유명한 프로필라이아[성채의 성문], 성채, 페이디아스의 놀라운 작품, 웅장한 페이라이에우스가 국가를 만들었는가?

라일리우스: 절대 아니네. 왜냐하면 인민의 것은 없었기 때문이네.

스키피오: 다음은 어떤가? 로마에서 상소 면제권을 지닌 10인관이 있은 지 3년이 되어 자유가 법적 보호를 받지 못했을 때 말이네. 인민의 것은 없었고, 오히려 인민은 자기 것을 되찾고자 행동했네. 【33】 (45) 나는 이제 세 번째 종류의 국가에 이르는데, 아마도 그 국가에는 난점들이 있을 것 같네. 인민이 모든 것을 행하고 인민이 모든 것을 통제한다고 말해질 때, 또 대중이 원하는 자가 누구든 그자를 처벌할 때, 또 대중이 원하는 것을 탈취하고 약탈하고 유지하고 낭비할 때, 모든 것은 인민의 것—우리는 국가가 인민의 것이기를 원하네—이기 때문에, 라일리우스, 자네는 그것이 국가가 아니라고 말할 수 있겠나?

라일리우스: 내가 제일 먼저 국가가 아니라고 말할 수 있는

국가는 대중이 완전히 통제하는 국가이네. 시라쿠사에도, 참주가 있었을 때의 아그리겐툼과 아테네에도, 10인관이 있었을 때의 여기[로마]에도 국가가 없었다고 우리가 여겼다면, 국가라는 이름이 어떻게 대중의 지배에 더 어울리는지 나는 알지 못하네. 왜냐하면 우선 내가 볼 때, 스키피오, 자네가 매우 잘 정의했듯이, 법에 대한 동의로 유지되지 않는다면 인민은 없기 때문이네. 오히려 인민이 일인처럼 보이는 모임은 참주인데, 더 끔찍하네. 왜냐하면 인민의 모습과 이름을 모방하는 야수보다 더 무시무시한 것은 없기 때문이네. 또 그 모임은 부적합하네. 왜냐하면 부계 친척들이 미친 자들의 재산을 법률에 따라 통제할 때 이미 그들의 【***】

【34】 36. (46) 스키피오: 【***】 [귀족정이] 왜 국가이고 인민의 것인지는 왕정과 【똑같이】 말할 수 있네.

무미우스: 훨씬 더 그렇습니다. 왕은 일인이기 때문에 주인과 더 비슷하지만, 몇 명의 좋은 사람이 정권을 잡은 국가보다 더 행복하게 될 것은 없습니다. 그럼에도 불구하고 저는 왕정을 자유 인민보다 선호합니다. 왜냐하면 당신께서 아직 논의하시지 않은 세 번째 종류의 국가가 최악이기 때문입니다.

【35】 (47) 스키피오: 스푸리우스[무미우스]여, 인민의 정체를 혐오하는 자네의 성향을 나는 알고 있네. 자네가 평소에 견디는 것보다 더 수월하게 인민의 정체를 견딜 수 있지만, 이 세 종류의 국가 중 인정받으면 안 되는 국가가 없다는 점에 나는

동의하네. 그렇지만 나는 귀족들이 왕보다 우월하다[98]는 자네의 주장에 동의하지 않네. 국가를 지도하는 것이 지혜라면, 지혜가 일인에게 있든 몇 명에게 있든 도대체 무슨 차이가 있는가? 그러나 우리는 어떤 오류에 빠져서 다음과 같이 논의하네. 그들이 귀족이라고 말해질 때, 어떤 것도 귀족보다 우월하다고 여겨질 수 없네. 무엇이 최선자보다 더 좋다고 생각될 수 있겠는가? 그런데 왕이 언급될 때, 마음속에 떠오르는 왕은 불의한 왕이네. 하지만 지금 우리가 왕정 국가에 대해서 탐구하고 있을 때, 불의한 왕에 대해서는 아무 말도 하지 않네. 그렇기 때문에 로물루스나 폼필리우스나 툴리우스를 왕이라고 생각하게. 아마도 자네는 그런 국가에 불만을 갖지는 않을 것이네.

(48) 뭄미우스: 그러면 당신께서는 인민의 국가를 위해서 어떤 칭송을 남겨 놓습니까?

스키피오: 어떤가? 스푸리우스, 우리가 최근에 함께 머무른 로도스인들의 국가는 국가가 아니라고 자네는 여기는가?

뭄미우스: 저는 그 국가를 국가로 여깁니다. 그것은 절대로 비난받아서는 안 됩니다.

스키피오: 옳은 말이네. 그러나 자네가 기억한다면, 동일한 모든 사람이 때로는 평민이었고 때로는 원로원 의원이었으며, 교대로 몇 달은 평민의 임무를 수행했고 몇 달은 원로원 의원

---

98 "tantum"을 삭제한다.

의 임무를 수행했네. 어떤 경우든 그들은 참석 수당을 받았고, 극장에서든 원로원 의사당에서든 사형과 그 밖의 모든 재판에 대한 판결을 내렸네. [원로원은] 대중만큼 큰 권력과 영향력을 지녔네. 【***】

3권의 위치가 불확실한 단편

1. 그가 어떤 범죄에 유인되었기에 해적선 한 척으로 바다를 못살게 구느냐고 질문받자, "당신이 세계를 [못살게 구는] 것과 같은 범죄에 유인되었기에"라고 말했다.[99]

2. 그는 두 가지—자신감과 목소리—가 부족해서 광장에서 군중을 상대로 말하지 못했다.[100]

3. 매우 용감한 사람들은 용기, 활기, 인내에서 …… 결코 아니다.[101]

4. 그러나 그들은 자기의 정신을 위험에 빠뜨리지만, 자기가 무엇을 하리라고 생각하는지 알고 있다.[102]

5. 카르타고인들은 자기들의 거래와 상품을 통해서 모든 물

---

99 노니우스, 125.12. Ziegler 편집본 3권 24절.

100 노니우스, 262.24. Ziegler 편집본 3권 42절.

101 노니우스, 125.18. Ziegler 편집본 3권 40절.

102 노니우스, 364.7. Ziegler 편집본 3권 단편 2. "seu" 대신에 "suum"으로 읽고, "sum"은 삭제한다.

품에 대한 탐욕과 사치와 만족할 수 없는 욕망을 최초로 희랍으로 들여왔다.[103]

6a. 유명한 사르다나팔로스는 이름에서보다 악덕에서 훨씬 더 추했다.[104]

6b. 그는 그것들을 무덤에 새기라고 명했다.[105]

7. 그러면 저 불합리한 항변은 무엇을 뜻하는가? 어떤 이가 아토스산을 통째로 기념물로 만들고 싶지 않다면 말이다. 어떤 아토스산이나 올림포스산이 그토록 커서 ······[106]

---

103   노니우스, 431.11. Ziegler 편집본 3권 단편 3.

104   『유베날리스의 풍자에 관한 주석』, 10.362. Ziegler 편집본 3권 단편 4.

105   아루시아누스 메시우스, 487.16. Ziegler 편집본에 없는 단편.

106   프리스키아누스, 6.13.70. Ziegler 편집본 3권 단편 5(첫 번째 문장 제외).

4권

【2】 1. (2) 【***】 영향력을, 신분들은 연령과 계급과 기사―원로원의 투표도 기사에 포함된다―에 따라 얼마나 잘 구분되었는가! 그러나 지금은 어리석게도 너무나 많은 사람이 이런 유익이 없어지기를 욕망한다. 왜냐하면 그들은 말[馬]들을 반환하라는 어떤 평민 결의를 통해서 새로운 종류의 퍼 주기를 추구하기 때문이다.

【3】 (3) 시민들이 행복하고 훌륭하게 사는 사회를 위해서 그 밖의 것들은 얼마나 지혜롭게 마련되었는지 이제 살펴보시오. 그것[행복하고 훌륭한 삶]이 사람들이 모이는 첫 번째 이유이다. 국가는 일부는 제도를 통해서, 일부는 법률을 통해서 그런 삶을 사람들에게 마련해 주어야 한다. 우선 자유민 출신의 소년기 훈련―희랍인들은 이 훈련과 관련해서 헛고생을 많이 했다. 우리의 손님, 폴뤼비오스는 오로지 이 훈련에만 무관심한

우리의 제도를 비난한다—이 있다. [우리 로마 사람들은] 이 훈련이 법률로 정해지거나 확정된 것도 공적으로 공포된 것도 모두에게 통일된 것도 아니기를 바랐다. 왜냐하면 【***】

【4】 2a. (4) 스키피오: 【***】 젊은 성인이 옷을 벗는 것은 …… 어떤 수치심의 원천은 먼 옛날로 거슬러 올라가네. 체육관에서 젊은이의 훈련은 얼마나 불합리한가! 청년의 군복무는 얼마나 별 볼 일 없는가! 청년의 애무와 사랑은 얼마나 거리낌 없고 자유로운가! 나는 엘레아인들과 테베인들을 제쳐두네. 그들의 욕정은 자유인들을 사랑할 때 구속받지 않고 방종하네. 라케다이몬인들은 젊은이를 사랑할 때 음탕한 짓을 제외한 모든 것을 허용하고, 그들이 금지하는 것은 매우 얇은 벽을 사용하여 막을 뿐이네. 왜냐하면 그들은 외투가 둘 사이에 끼어 있으면 포옹과 잠자리를 허락하기 때문이라네.

라일리우스: 스키피오, 자네가 비난하는 희랍의 훈련과 관련해서, 자네의 사랑을 받는 플라톤—자네가 언급하지 않지만—과 다투기보다는 매우 고귀한 인민들과 다투려 한다는 것을 나는 분명히 알겠네. 특히 …… 때문에 【***】

2b. (3) 사랑하는 사람이 없다면, 이는 젊은이들에게 모욕이었을 것이다.[107]

---

107 세르비우스, 『베르길리우스의 아이네이스에 대한 주석』, 10.325. 화자는 키케로.

소년, 여성, 시민의 훈련에 관한 단편

【3】 3. (3) 소년이 강탈하고 훔치는 법을 배우는 스파르타에서처럼뿐만 아니라[108]

【6】 4. (6) 수치심에 대한 훈련의 힘은 이토록 크다. 모든 여성에게 음주는 금지된다.[109]

5. 게다가 어떤 여성이 악명이 높다면, 친척들은 그녀에게 입맞춤하지 않았다.[110]

6. 참으로 희랍인들 사이에서 흔히 선출되는 감독관이 여성을 감독해서는 안 된다. 오히려 남편에게 아내를 통제하는 법을 가르칠 감찰관이 있어야 한다.[111]

7. 처음에 나라는 이들[감찰관]의 엄격함에 부르르 떨었다고 한다.[112]

훈련과 관련된 어원

8. 따라서 뻔뻔함[petulantia]은 요구함[peto]에서, 후안무치

---

108 노니우스, 20.12.
109 노니우스, 5.10.
110 노니우스, 306.3.
111 노니우스, 499.13.
112 노니우스, 423.4.

[procacitas]는 간청함[precor](즉 요청함[posco])에서 이름이 유래했다.[113]

9. 감찰관의 판결은 유죄 판결자에게 거의 망신만을 준다. 따라서 그의 모든 평결은 오직 평판과 관련되기 때문에, 처벌은 불명예라고 불렸다.[114]

【7】10. (7) 내가 볼 때 신의[fides]는 약속한 것이 이루어지기[fieri] 때문에 바로 그 이름을 지닌다.[115]

【8】11. (8) 나는 대상의 정교함뿐만 아니라 용어의 정교함에도 놀란다. [12표법에] "그들이 언쟁한다면[7표 5]"이 있다. 언쟁은 적대적인 사람들 간의 소송이 아니라 호의적인 사람들 간의 논쟁이라 말해진다. …… 따라서 법률은 이웃들이 서로 언쟁한다고 여길 뿐, 소송한다고 여기지는 않는다.[116]

지출과 퍼 주기의 축소에 관하여

【7】12. (7) 나는 같은 인민이 세계의 총사령관이자 통행세 징수인이기를 바라지 않는다. 하지만 나는 사적인 가정에서든

---

113   노니우스, 23.16.
114   노니우스, 24.5.
115   노니우스, 24.11.
116   노니우스, 430.29.

국가에서든 가장 좋은 수입은 절약이라 여긴다.[117]

13. 지위가 높은 시민과 고귀한 사람에게 아첨과 과시와 야망은 경박함의 징표다.[118]

투표에 관하여

【8】 14. (8) 네가 인민에게 권리를 전혀 주지 않거나 조금만 준다면, 강력한 인민에게 맞서기가 쉽지 않다.[119]

15. 이 논쟁에서 나는 인민의 편이 아니라 좋은 사람들[귀족]의 편을 들었다.[120]

죽은 자들의 매장에 관하여

16. 인간의 근심과 삶의 끝은 같다고 [사람들은 믿지 않는다]. 그래서 제관법에 따라 매장의 신성함이 ……[121]

---

117   노니우스, 24.15.
118   노니우스, 194.26. "meam"을 삭제한다.
119   프리스키아누스, 15.4.20.
120   노니우스, 519.15.
121   노니우스, 174.7.

17. 그들[아르기누사이 전투에 참전한 아테네 장군들]이 강력한 폭풍 때문에 바다에서 구출할 수 없었던 자들을 매장하지 않은 채 내버려 두었기에 [아테네인들은] 무고한 그들을 죽였다.[122]

플라톤에 관하여

【5】 18. (5) 뤼쿠르고스보다 훨씬 더 우리의 플라톤이 어느 시민도 개인의 소유 또는 자기 것을 주장할 수 없도록, 모든 것이 전적으로 공동의 것이어야 한다고 명령한다.[123]

19. 화관을 쓰고 향유를 바른 호메로스를 플라톤이 자기가 만들어 낸 도시에서 추방하듯이, 나도 [플라톤에게] 똑같이 [할 것이다].[124]

시인에 관하여

【10】 20a. (11) 생활 풍속이 허용하지 않았다면, 희극의 외

---

122 노니우스, 293.41.
123 노니우스, 362.11.
124 노니우스, 308.38.

설은 결코 관객의 호평을 받지 못했을 것이네.[125]

20b. [희극]이 다루지 않은 사람은 누구며, 괴롭히지 않은 사람은 누구며, 봐준 사람은 누구였나? 희극이 국가에 내란을 일으키는 사악한 평민파 사람인 클레온, 클레오폰, 휘페르볼로스에게 해를 끼쳤다 치고, 이를 용인하세. 이러한 시민들이 시인보다 감찰관한테 징계받는 것이 더 나을지라도 말일세. 그러나 이미 여러 해 동안 전시와 평화 시에 최고의 권위를 지닌 채 자기 나라를 다스린 페리클레스가 시구로 모욕당하고 시구의 내용이 무대에서 상연되는 것은, 우리의 플라우투스나 나이비우스가 푸블리우스 스키피오와 그나이우스 스키피오에게 악담하거나 카이킬리우스가 마르쿠스 카토에게 악담하고 싶었던 것만큼 부적절했네.[126]

20c. (12) 반면에 우리의 12표법[8표 1.b]은 극소수의 범행을 사형에 처했지만, 누군가가 타인에게 불명예나 치욕을 주는 노래를 불렀거나 지었다면 이것도 사형에 처해야 한다고 생각했네. 이는 훌륭한 법이네. 왜냐하면 우리는 정무관들의 판단과 법의 판결에 따른 삶을 살아야 하지, 시인의 재능이 만들어 낸 삶을 살아서는 안 되고, 답변이 허용되고 법정에서 변호가 허용된다는 조건 없이 모욕을 받아서는 안 되기 때문이네.[127]

---

125 아우구스티누스, 『신국론』, 2.9. 화자는 스키피오.
126 아우구스티누스, 『신국론』, 2.9. 화자는 스키피오.
127 아우구스티누스, 『신국론』, 2.9. 화자는 스키피오.

【11】 21. (13) 연설을 매우 잘하는 사람, 아테네인 아이스키네스는 젊었을 때 비극을 연기한 후에 국정에 참여했고, [아테네인들은] 역시 비극 배우, 아리스토데모스를 전쟁과 평화의 중대사를 다루는 사절로 필리포스에게 자주 파견했다.[128]

【10】 22. (10) [로마인들은] 공연 예술과 무대 전체를 수치로 여겨서, 이런 일에 종사하는 사람들은 다른 시민들의 존경을 받지 못하기를 바랐을 뿐만 아니라 감찰관의 불명예 처분을 받아 부족에서 축출되기도 바랐네.[129]

【9】 23. (9) [시인들이] 어떤 위대하고 지혜로운 스승의 환호와 찬사인 양, 인민의 환호와 찬사를 들었을 때, 그들은 어떤 어둠을 숨기고, 어떤 공포를 야기하고, 어떤 욕망을 불붙이는가![130]

계절의 순환에 관하여

【1】 24. (1) 그리고 같은 것이 상호 간섭과 그늘에 의해서 …… 그리고 그것은 낮의 숫자에 알맞을 뿐만 아니라 노동의 휴

---

128 아우구스티누스, 『신국론』, 2.11. 화자는 키케로.

129 아우구스티누스, 『신국론』, 2.13. 화자는 스키피오.

130 아우구스티누스, 『신국론』, 2.14. 화자는 키케로.

식에도 알맞은 밤을 만들어 낸다.[131]

25. 그리고 가을에는 농작물의 파종을 위해서 땅이 열렸고, 겨울에는 파종을 위해서 땅이 헐거워졌으며, 한여름에는 땅이 어떤 것을 부드럽게 만들었고 어떤 것을 건조시켰다.[132]

인간의 본성에 관하여

26. 그리고 미래를 보는 지성이 과거를 기억한다.[133]

4권의 다른 단편

27. 그들이 목자에게 가축을 돌보게 할 때[134]

【8】28. (8) 참으로 나는 그를 위해서 참되게, 신의 있게, 충분히 조점을 쳤도다![135]

【12】29. (14) 팔찌[136]

---

131 노니우스, 234.14.
132 노니우스, 343.20.
133 노니우스, 500.9.
134 노니우스, 159.16.
135 노니우스, 469.16.
136 프리스키아누스, 1.14.

5권

서문의 단편

【1】 1. (1) "로마 국가는 옛 관습들과 인물들에 힘입어 존립한다."[137] 내가 보기에 그[엔니우스]는 이 시구를 마치 어떤 신탁에서 나온 것처럼 간결하고 진실하게 발설한다. 왜냐하면 나라에 그런 관습들이 있지 않았더라면 인물들이, 그런 인물들이 다스리지 않았더라면 관습들이, 그토록 광범위하게 먼 곳까지 명령하는 큰 국가를 세우거나 그런 국가를 오랫동안 유지할 수 없었을 것이기 때문이다. 따라서 우리 시대 이전에 조상 전래의 관습들은 뛰어난 인물들을 배출했고, 탁월한 인물들은 옛 관습들과 조상의 제도들을 고수했다. (2) 그러나 우리 시대가 물려받은 국가는 훌륭하지만 이미 오래되어 빛바랜 그림과 같았는데, 우리 시대는 그것을 이전과 같은 색으로 복원하려는 일

137　엔니우스, 『연대기』, 단편 467.

을 소홀히 했을 뿐만 아니라, 적어도 그것의 형태와 최종 윤곽을 보존하려는 노력조차도 하지 않았다. 로마 국가가 그것들에 힘입어 존립한다고 그[엔니우스]가 말한 옛 관습들 중 무엇이 남아 있는가? 우리가 보기에 옛 관습들은 망각되어 낡아 빠졌기에 존중받지 못할 뿐만 아니라 무시당하기도 한다. 다른 한편 나는 인물들에 대해서 무슨 말을 해야 할까? 관습들은 인물들이 부족해서 사라졌다. 우리는 그토록 큰 악에 대해서 설명해야 할 뿐만 아니라, 사형에 처한 피고인들처럼 우리는 어떤 식으로 자기를 변호해야 한다. 왜냐하면 우리는 우연이 아니라 우리의 결함 때문에 말로만 국가를 유지할 뿐, 실제로는 이미 오래전에 국가를 잃었기 때문이다.[138]

국가의 통치자에 관하여

【6】2. (8) 순조로운 항해가 조타수의 목표이고, 건강이 의사의 목표이며, 승리가 장군의 목표이듯이, 시민의 행복한 삶은 국가 지도자의 목표이다. 국가가 병력에서 확고하고 재산에서 부유하며 영광에서 탁월하고 덕에서 훌륭하도록 말이다. 나는 사람들 가운데 그가 가장 위대하고 가장 좋은 이 일의 완성

---

138   아우구스티누스, 『신국론』, 2.21. 화자는 키케로.

자이기를 바란다.[139]

【2】 3. (3) 신원 미상: 【***】 공정에 대한 설명만큼 왕다운 것은 【없습니다】. 이 설명은 법에 대한 해석을 포함합니다. 왜냐하면 개인들이 왕에게 법을 청하곤 했기 때문입니다. 이런 이유 때문에 넓고 비옥한 경작지와 수풀과 목초지는 왕의 몫으로 정해졌고, 왕의 수고와 노동 없이도 경작되었습니다. 그래서 왕은 자기 일에 신경 쓰면서도 인민의 일을 나 몰라라 하지 않았습니다. 게다가 어떤 개인도 소송의 판정자나 중재자가 아니었고, 모든 일은 왕의 재판을 통해서 처리되었습니다. 제 생각에는 우리의 누마 왕이 희랍의 옛 왕들의 이런 관습을 가장 많이 유지했습니다. 왜냐하면 다른 왕들은 이 임무를 행했더라도, 전쟁을 수행하고 전쟁법을 준수하는 데 대부분의 시간을 쓴 반면, 누마의 오랜 평화는 이 도시에서 법과 종교의 어머니였기 때문입니다. 그는 여전히 존재한다고 여러분이 알고 있는 법률의 제정자이기도 했습니다. 이것이 우리가 논의하는 이 시민의 특징입니다. 【***】

【3】 4. (5) 스키피오: 【***】 뿌리와 씨에 대해 아는 일을 자네가 불쾌히 여기지는 않겠지?

신원 미상: 천만에요. 알 필요가 있다면 말입니다.

스키피오: 자네 생각에 이 일은 농장 관리인의 관심사는 아

---

139 키케로, 『아티쿠스에게 보내는 서한』, 8.11.1.

니지?

　신원 미상: 절대 아닙니다.

　스키피오: 그의 일이 매우 자주 경작과 무관하기 때문이지. 그러므로 농장 관리인이 토지의 성질을 알고, 재산 관리인이 글자를 읽을 줄 알지만, 각자가 앎의 즐거움에서 유익의 성취로 눈길을 돌리는 것처럼, 확실히 우리의 통치자는 정의와 법률을 배우는 데 힘쓰고 어떻게든 그것들의 원천을 살펴볼 것이네. 그는 국가의 재산을 관리하고 어떤 식으로 국가의 농장을 관리할 수 있도록 자문하고 읽고 쓰는 일에 얽매여서는 안 되네. 그는 최고의 법—그것이 없으면 아무도 정의로울 수 없네—에 매우 정통하고 시민법에 무지하지 않네. 조타수가 별을 알고, 의사가 자연학을 아는 것처럼 말이네. 이들 각자는 자기의 기술을 위해서 이것들을 이용하지만, 자기의 업무에 얽매이지 않네. 게다가 이 사람[통치자]은 다음을 알 것이네. 【***】

　【3】 5. (4) 그러나 좋은 가장에게 경작과 건축과 계산에 대한 어떤 경험이 필요한 것처럼 ……[140]

140　노니우스, 497.23.

수사학에 관하여

【9】 6. (11) 스키피오가 이렇게 말하자, 뭄미우스는 그의 말에 완전히 찬동하면서 (뭄미우스는 수사학 교사들에 대한 증오에 사로잡혔기 때문에)[141]

용기라는 덕에 관하여

【7】 7. (9) 이 덕은 용기라고 불리는데, 용기는 정신의 위대함 및 죽음과 고통에 대한 큰 경멸을 포함한다.[142]

5권의 다른 단편

【8】 8. (10) 마르켈루스는 사납고 전투적인 사람처럼, 막시무스는 신중하고 느긋한 사람처럼[143]

【7】 9. (9) 그때 덕, 노동, 근면에서 최고인 인물의 성품[144]

---

141   노니우스, 521.12.
142   노니우스, 201.29.
143   노니우스, 337.34.
144   "indolem" 대신에 "indoles"로 읽는다.

이 추구되었다. 아마도 지나치게 용감한 본성이 어떤 식으로든 그를 …… 하지 않았다면.[145]

【8】10. (10) 그가 여러분의 가족들로 하여금 그의 노년의 괴로움을 함께하게 할 수 있기 때문에[146]

11. 세상에 포함된 자[147]

【9】12. (11) 그때 훌륭한 씨앗이 가장 좋은 경작지에 뿌려졌을 것이다.[148]

---

145   노니우스, 233.33.
146   노니우스, 37.23.
147   카리시우스, 176.23.
148   『베르길리우스의 농경시에 대한 주석』, 3.199.4.

6권

국가의 통치자의 현명함에 관하여

【1】 1. (1) 따라서 당신은 이 통치자의 완전한 현명함 [prudentia]을 기대하는데, 현명함이라는 이름은 예견함 [providere]에서 비롯되었다.[149]

내란의 진압에 관하여

2. 그렇기 때문에 이 시민은 항상 나라의 정체를 뒤흔드는 세력에 맞서 무장할 준비를 반드시 한다.[150]

3. 그리고 시민들 간의 불화는, 시민들이 따르는 지도자가

---

149   노니우스, 42.3.
150   노니우스, 256.27.

제각각이기 때문에, 내란이라고 말해진다.[151]

4. 그리고 시민들 간의 불화에서 좋은 사람들[귀족]이 다수보다 강력할 때, 시민들의 수를 세지 않고 그들의 가치를 따져야 한다고 나는 생각한다.[152]

욕정, 사나움, 사치에 관하여

5. 생각의 강력한 주인인 욕정은 무한한 것들을 하도록 강제하고 명령한다. 욕정은 어떤 식으로도 채워지거나 충족될 수 없기 때문에, 자신의 유혹에 불붙은 자를 온갖 범죄로 충동한다.[153]

6. 그것[선동적인 군중]의 힘과 고삐 풀린 사나움을 제압한 자[154]

【2】 7. (2) 그[크세노파네스]가 쓰듯이, 자주색으로 물들인 외투를 입은 천 명의 사람이 매일 광장으로 내려간 것처럼.[155]

---

151 세르비우스, 『베르길리우스의 아이네이스에 대한 주석』, 1.149.
     'seditio(내란)'는 'se(제각각)'와 'ire(가다)'에서 파생된 말이다.
152 노니우스, 519.17.
153 노니우스, 424.31.
154 노니우스, 492.1.
155 노니우스, 501.27.

인민의 사랑에 관하여

8. 이 행위가 더 위대했다. 왜냐하면 두 동료[티베리우스 그라쿠스, 클라우디우스]의 지위는 같았지만, 그들이 받는 혐오는 서로 달랐을 뿐만 아니라, 그라쿠스에 대한 사랑이 클라우디우스에 대한 혐오를 누그러뜨렸기 때문이다.[156]

9. 이들의 경우에, 여러분이 기억하듯이, 매우 변덕스러운 대중이 군집하여 갹출한 돈으로 갑자기 장례식이 장식되었다.[157]

6권의 다른 단편

10. 우리 조상들은 혼인이 확고히 유지되기를 원했다.[158]

11. 귀족들과 제일 시민들 가운데 [선동에 도움을 준] 자는 자기의 무게 있는 목소리에서 근엄하고 위엄으로 가득 찬 소리를 버린다.[159]

---

156 노니우스, 290.15.
157 노니우스, 517.35.
158 노니우스, 512.27.
159 노니우스, 409.31.

스키피오의 꿈에 대한 설명

【8】 12. (8) 스키피오: …… 그러나 현자들에게는 탁월한 행위의 자각이 덕의 최고의 보상일지라도, 저 신적인 덕이 바라는 것은 납으로 고정된 조각상이나 시드는 월계수 잎으로 치장된 개선식이 아니라, 더 견고하고 더 활기찬 종류의 보상이네.

라일리우스: 그것이 도대체 무엇인가?

스키피오: 우리의 축제가 이미 3일째 되었으니, [그것이 무엇인지 밝히는 일은] 나한테 맡기게.[160] 【***】

【9】 13. (9) 스키피오: 여기 있는 마닐리우스가 집정관이었을 때[기원전 149년], 여러분도 알다시피 나는 4군단의 천인 대장으로 아프리카에 갔었네. 우리 가문과 정당한 이유로 매우 친한 마시니사 왕을 알현하는 일보다 나한테 중요한 일은 없었네. 내가 그분께 가자, 노인께서 나를 껴안고 울음을 터뜨리고 나서, 얼마 후에 하늘을 바라보시며 말씀하셨네. "지고한 태양신이여, 저는 당신께 감사드리고, 하늘에 계신 다른 신들이여, 당신들께도 감사드립니다. 왜냐하면 저는 이승을 떠나기 전에 저의 왕국과 이 왕궁에서 푸블리우스 코르넬리우스 스키피오를 보았기 때문입니다. 저는 스키피오라는 이름 덕분에 기력을

---

160 마크로비우스, 『키케로의 스키피오의 꿈에 대한 주석』, 1.4.2~3.

되찾았습니다. 가장 좋고 가장 지지 않는 그 사람에 대한 기억이 제 마음속에서 결코 떠나지 않습니다." 그다음에 나는 그분께 그분의 왕국에 대해서 물었고, 그분께서는 나에게 나의 국가에 대해서 물었으며, 우리는 서로 많은 말을 주고받으며 그날을 보냈네. 【10】 14. (10) 그후 나는 왕의 환대를 받았고, 우리는 늦은 밤까지 계속 대화했네. 노인께서는 아프리카누스님에 대해서만 말씀하셨고, 그분의 행위뿐만 아니라 말씀도 모두 기억하고 계셨네. 그다음에 우리는 자러 가기 위해서 헤어졌네. 나는 여정 때문에 피곤한 데다가 늦은 밤까지 깨어 있었기 때문에 평소보다 깊은 잠에 사로잡혔네. 그때 ─ 우리가 대화한 결과로 다음과 같은 꿈을 꾸었다고 나는 믿네. 왜냐하면 우리의 생각과 대화는 대개 엔니우스가 호메로스에 대해서 쓴 것과 같은 것을 꿈 속에서 만들어 내기 때문이지. 분명 그는 깨어 있을 때 호메로스에 대해서 매우 자주 생각하고 말하곤 했지 ─ 아프리카누스님께서 나에게 나타나셨는데, 그분의 모습은 그분의 실제 모습이 아니라 나에게 친숙한 그분의 조각상 모습이었네. 내가 그분을 알아보았을 때, 정말로 나는 전율했네. 그런데 그분께서 말씀하시기를, "스키피오, 용기를 갖고 두려움을 버려라. 또 내 말을 기억하라."

【11】 15. (11) "너는 저 도시[카르타고]를 보는가? 내가 로마 인민한테 강제로 복종시켰는데 가만히 있질 못하고 예전의 전쟁을 재개한 도시말이다." (그분은 높고 별들로 가득 차고 밝

게 빛나는 어떤 곳에서 카르타고를 가리키셨지) "병사나 다름없는 너가 지금 저 도시를 공격하러 온 거지? 너는 2년 안에 집정관이 되어 저 도시를 멸망시킬 것이고, 지금까지는 나한테서 상속받은 별명[아프리카누스]을 너 자신의 힘으로 갖게 될 것이다. 너는 카르타고를 없애고, 개선식을 거행하고, 감찰관이 되고, 사절이 되어 이집트, 시리아, 아시아, 희랍을 돌아다니고, [로마에] 없을 때 다시 집정관으로 선출되고, 대전[大戰]을 끝내고, 누만티아를 파괴할 것이다. 그러나 너가 마차를 타고 카피톨리움으로 갈 때, 내 외손자[티베리우스 그라쿠스]의 계획으로 인해서 혼란에 빠진 국가와 맞닥뜨릴 것이다. 【12】 16. (12) 아프리카누스여, 여기서 너는 너의 영혼과 재능과 슬기의 빛을 조국에 보여 주어야 할 것이다. 그런데 나는 그때 운명의 양 갈래 길을 본다. 너의 생애 동안 태양이 7번 곱하기 8번 회전하고 나서 원위치했을 때, 또 서로 다른 이유에서 완전수라고 여겨지는 7과 8이라는 숫자가 자연적인 순환을 통해서 운명적으로 주어진 너의 생을 마감했을 때, 나라 전체가 너 한 사람과 너의 이름을 주목할 것이다. 원로원이, 모든 좋은 사람[귀족]이, 동맹시들이, 라틴인들이 너를 눈여겨볼 것이다. 나라의 안녕은 너 한 사람에게 달려 있을 것이다. 한마디로 너는 친척들의 불경한 손을 피한다면 독재관이 되어 국가를 재건해야 한다."

이때 라일리우스는 절규하고 다른 사람들은 큰 한숨을 내쉬었지만, 스키피오는 부드럽게 웃으면서 "쉿, 제발 나를 잠에서 깨우지 말게. 그리고 잠시 남은 말을 듣게나"라고 말했다.

【13】 17. (13) "그런데 아프리카누스, 너가 국가를 지키는 일에 더 열의를 갖기를 바란다면, 다음을 알아 두어라. 조국을 보존하고 도와주고 확장한 모든 사람에게는, 축복받은 자들이 영원한 생애를 누리는 하늘의 어떤 장소가 지정되어 있다. 전 세계를 지배하는 으뜸가는 신이 땅에서 생기는 것 중 가장 마음에 들어 하는 것은 법에 의해서 하나가 된 인간의 집회와 모임인데, 그것은 나라라고 불린다. 나라의 통치자들과 보존자들은 이곳에서 출발해서 이곳으로 되돌아온다."

【14】 18. (14) 여기서 나는 죽음의 공포보다 나의 친척들의 음모의 공포로 인해서 몹시 놀랐지만, [아프리카누스님] 본인과 생부인 파울루스님과 우리가 돌아가셨다고 생각한 다른 분들이 살아 계신지 물었네.

그분께서 말씀하셨네. "이들은 살아 있을뿐더러 감옥과 같은 육체의 사슬에서도 벗어났다. 너희가 삶이라고 말하는 것이 실은 죽음이다. 너는 생부인 파울루스가 너에게 오는 것을 보지 못하는가?"

그분을 보았을 때 나는 눈물을 펑펑 쏟았네. 하지만 그분께서 나를 껴안고 입맞춤을 한 다음에 울지 말라고 하셨네. 【15】 19. (15) 내가 울음을 참고 말할 수 있게 되자 말했네. "제발 가장 신성하고 최고인 아버님, 제가 들은 아프리카누스님의 말씀대로 이곳의 삶이 진짜 삶인데도, 저는 왜 지상에 머

물러야 합니까? 저는 왜 이곳에 계신 당신들께 서둘러 가서는 안 됩니까?"

그분께서 말씀하셨네. "그래서는 안 된다. 왜냐하면 신—네가 보는 이 모든 것이 신의 성역이다—이 너를 육체의 감금에서 해방시키지 않으면, 이곳으로 들어오는 입구가 너에게 열릴 수 없기 때문이다. 인간들은 네가 보는 이 성역의 한가운데에 있는 구체—그것은 지구라 불린다—를 돌본다는 조건으로 태어났다. 너희가 별자리와 별—그것은 구형이고 둥글고, 신적인 정신에 의해서 영혼을 부여받고, 놀라운 속도로 회전해서 자기의 궤도를 완성한다—이라고 부르는 영원한 불에서 영혼이 인간들에게 주어졌다. 그렇기 때문에 푸블리우스여, 너와 모든 경건한 사람은 육체에 영혼을 가두어야 하고, 너희에게 영혼을 준 신의 명령 없이 인간의 삶을 떠나서는 안 된다. 신이 부과한 인간의 임무를 너희가 회피했다고 보이지 않도록 말이다. 【16】 20. (16) 오히려 여기 계신 너의 조부처럼, 너를 낳은 나처럼, 스키피오여, 정의와 경건을 실천하라. 이것들은 부모와 친척들에게도 중요하지만, 조국에 가장 중요하다. 이러한 삶은 하늘로 가는 길이자, 이미 삶을 마치고 나서 육체에서 벗어나 네가 보는 곳에 거주하는 자들의 모임으로 가는 길—그곳은 불타는 별들 사이에서 매우 환하게 빛나는 밝은 궤도였다—이다. 너희는 희랍인들한테서 받아들인 대로 그곳을 은하수라고 부르고 있다."

그 순간부터 모든 것을 관조하는 나에게, [지구] 이외의 나머지 것들은 찬란하고 놀라워 보였네. 우리가 지구상에서는 절대 본 적이 없는 별들이 있었는데, 그것들 모두의 크기를 우리는 절대 짐작하지 못했네. 가장 작은 별[달]이 하늘로부터 가장 멀리 있으면서 지구에 가장 가까이 있고 다른 별의 빛으로 빛났네. 별들의 구체들은 지구의 크기를 쉽게 압도했네. 지구는 지금 나한테 너무나 작아 보여서, 지구의 한 점과 같은 우리의 통치 지역이 나에게는 불만족스러웠네.

【17】 21. (17) 내가 지구를 더 응시하자, 아프리카누스님께서 말씀하셨네. "청컨대, 너의 정신을 언제까지 땅에 고정시킬 것인가? 너는 어떤 성역으로 들어왔는지 보지 않느냐? 너도 알다시피, 모든 것은 9개의 궤도, 오히려 9개의 구체로 연결되었다. 그중 하나는 가장 바깥에 있는 하늘의 구체이다. 나머지 구체를 모두 감싸는 그것은 최고의 신인데, 다른 구체들을 둘러싸고 가두며, 영원히 도는 별의 경로가 그 안에 고정되어 있다. 그 아래에 7개의 구체가 있는데, 그것들은 거꾸로 하늘과 반대로 움직인다. 그중 하나의 구체를 지구에서 사투르누스의 별[토성]이라 부르는 별이 차지한다. 그다음에 유피테르의 별[목성]이라 불리는, 인류에게 행운과 건강을 가져다주는 빛이 있다. 그다음에 너희가 마르스의 별[화성]이라 부르는, 지구에게 끔찍한 붉은 별이 있다. 그다음에 7개의 구체 중 한가운데 지역을 차지하는 태양은 나머지 빛들의 지도자, 일인자, 지

휘자이자 세상의 정신, 균형자이다. 모든 것을 자기의 빛으로 두루 비추고 가득 채울 만큼 매우 크다. 베누스의 별[금성]의 경로와 메르쿠리우스의 별[수성]의 경로가 태양을 시종처럼 따르고, [7개의 구체 중] 맨 아래 궤도에는 태양 광선으로 빛나는 달이 돌고 있다. 달 아래에는 인류에게 신들의 선물로 주어진 영혼을 제외하면 모든 것이 덧없고 사멸하는 반면, 달 위에는 모든 것이 영원하다. 한편 한가운데에 있는 9번째 구체인 지구는 움직이지 않고 맨 아래에 있으며, 무게가 있는 모든 것은 자기의 무게로 인해서 지구로 떨어진다."

【18】 22. (18) 나는 놀란 채 이것들을 눈여겨보다가 정신을 차리고 나서 말했네. "저의 귀를 채우는 그토록 크고 달콤한 소리는 무엇입니까?"

그분께서 말씀하셨네. "이것은 궤도들이 밀고 움직이면서 만들어내는 소리인데, 서로 다르더라도 이성에 의해서 일정 비율로 구분되는 간격들로 결합되었고, 고음과 저음을 섞어서 다양한 화음을 골고루 만들어낸다. 그토록 큰 움직임은 조용히 야기될 수 없으며, 한쪽의 극단은 고음을, 다른 쪽의 극단은 저음을 내기 마련이다. 그런 이유 때문에 별을 품은 채 더 빨리 회전하는 하늘의 가장 높은 경로는 격렬한 고음을 지닌 채 움직이는 반면, 맨 아래에 있는 달의 경로는 매우 낮은 음을 지닌 채 움직인다. 한편 아홉 번째인 지구는 움직이지 않고 가만히 있으며 항상 한곳에 머무르고, 세계의 한가운데 자리를 차지한다. 그러나 8개의 경로—그중 2개[수성, 금성]의 속도는 같네—는 간격으로 구분되는 7개의 소리를 만들어내는데, 7이라는 숫자는 거의 모든 것의 매듭이다. 현과 노래로 이를 모방한 박식한 사람들은, 인간으로 살 때 신적인 연구에 힘쓴 탁월한 재능을 지닌 다른 사람들처럼, 자기를 위해서 이곳으로 돌아오는 길을 열었다. 23. (19) 이 소리로 가득 채워진 인간들은 귀가 멀었는데, 너희에게 [청각보다] 둔한 감각은 없기 때문이다. 이는 나일 강이 매우 높은 산에서 급하게 흘러내리는 곳인 카타두파라 불리는 곳 근처에 사는 종족이 큰 소리 때문에 청각을 잃은 것과 같다. 게다가 우주 전체의 매우 빠른 회전에서 나는 소리는 너무나 커서, 인간의 귀는 그 소리를 감지할 수 없다. 이는 너희가 태양을 정면으로 볼 수 없고, 너희의 시각이 태양 광선에 압도되는 것과 같다."

【19】24. (20) 나는 이것들에 놀라며 거듭해서 지구로 눈을 돌렸네. 그러자 아프리카누스님께서 말씀하셨네. "내가 알다시피 너는 지금도 인간들의 거처와 집을 바라본다. 그것—실제로 작다—이 너에게 작아 보인다면, 항상 천상적인 것을 쳐다보고 인간적인 것을 경멸하라. 인간의 대화에서 너는 어떤 명성이나 어떤 추구할 만한 영광을 얻을 수 있을까? 네가 보다시피 사람들은 지구의 [인적이] 드문 좁은 곳에 거주하고, 사람들이 거주하는 얼룩점들 사이에 광활한 황무지가 있으며, 지구에 거주하는 자들은 서로 단절되어 그들 사이에는 한쪽에서 다른 쪽으로

아무것도 전파될 수 없을 뿐만 아니라, 그들 중 일부는 너희와 비스듬한 데[경도는 같고 위도는 다른 데]서, 다른 일부는 너희와 가로놓인 데[위도는 같고 경도는 다른 데]서, 또 다른 일부는 너희의 맞은편[위도와 경도가 다른 데]에서 살고 있다. 확실히 너희는 그들로부터 어떤 영광도 기대할 수 없다. 【20】 25. (21) 게다가 지구가 일종의 띠를 매고 두른 것을 아는가? 네가 보다시피 띠들 가운데 서로 간에 가장 멀고 하늘의 양극에 있는 두 개의 띠는 추위로 얼어붙고, 한가운데에 있는 가장 큰 띠는 태양의 열기로 불탄다. 거주할 수 있는 띠는 두 개인데, 그중 남쪽 띠— 그곳의 거주자들은 너희의 맞은편에서 발자국을 낸다—는 너희의 종족과 아무 관련이 없다. 반면 너희가 거주하는 북쪽 띠는 얼마나 좁은 지역에서 너희와 닿는지 알아라. 양극[남북]에서 좁고 측면[동서]에서 더 넓은, 너희가 거주하는 모든 땅은 너희가 지구에서 아틀란티쿠스 바다, 큰 바다, 오케아누스 바다[대서양]—그토록 큰 이름을 가진 바다가 얼마나 작은지 보라—라고 부르는 바다로 에워싸인 일종의 작은 섬이다. 26. (22) 잘 알려지고 경작된 이 땅에서 너의 이름이나 우리 각자의 이름이, 네가 보는 카우카수스 산맥을 넘어가거나 간게스 강을 헤엄쳐 건너갈 수 있겠는가? 해가 뜨거나 해가 지는 다른 지역에서 또는 북쪽이나 남쪽의 가장 먼 지역에서 누가 너의 이름을 들을 것인가? 이런 지역들을 잘라내면, 확실히 너는 너희의 영광이 얼마나 좁은 곳에서 퍼져나가기를 바라는지 알 수 있다. 게다가 우리에 대해서 말하는 자들은 얼마나 오랫동안 말할 것인가?【21】27. (23) 더 나아가 미래에 태어날 사람들의 자손이 조상들한테서 물려받은 우리 각자에 대한 칭송을 후손들에게 전해주고 싶어도, 특정 시점에 발생할 수밖에 없는 지구의 홍수와 화재 때문에 우리는 영원한 영광은 고사하고 오래 지속되는 영광조차도 획득할 수 없다. 게다가 더 적지 않고 확실히 더 좋은 먼저 태어난 사람들이 너를 전혀 언급하지 않았는데, 나중에 태어날 사람들이 너를 언급하는 게 무슨 의미가 있을까? 【22】28. (24) 특히 우리의 이름을 들을 수 있는 자들 가운데 1년 동안의 일을 기억할 수 있는 자는 아무도 없으니 말이다. 사람들이 통속적으로는 1년을 오직 태양(즉 하나의 별)의 회귀로 측정하지만, 실제로는 모든 별이 출발한 곳으로 되돌아올 때, 또 긴 간격을 두고 하늘 전체가 이전과 똑같이 배치될 때, 이것이 참으로 돌아오는 1년[천문학적인 1년, 대년[大年]]이라 불릴 수 있다. 사람들의 세대가 1년 안에 얼마나 많이 포함되어 있는지 감히 나는 말하기 어렵다. 옛날에 로물루스의 영혼이 이 성역 안으로 들어왔을 때 태양이 어두워지고 사라진 것처럼 사람들에게 보였듯이, 태양이 같은 시각에 같은 곳에서 다시 어두워질 때마다 모든 별자리와 별이 원래의 자리로 되돌아오면 1년이 채워진다고 여겨라. 실제로는 1년의 20분의 1이 아직 회전하지 않았다고 알아 두어라.【23】29. (25) 따라서 위대하고 뛰어난 사람들을 위해서 모든 것이 존재하는 이곳으로 돌아올 희망을 네가 버린다면, 1년 중 짧은 기간 동안 겨우 존속될 수 있는 인간의 영광은 얼마나 큰 가치가 있을까? 그래서 네가 높은 곳을 쳐다보고 이 자리와 영원한 집을 관조하고 싶다면, 너는 군중의 말에 귀 기울이지 말고, 너의 업적에 대한 인간의 보상에 희망을 품어서는 안 된다. 덕이 자기의 매력을 통해서 너를 참된 영예로 이끌어야 한다. 다른 사람들이 너에 대해서 뭐라고 말하는지는 그들만 알게 하라. 그들이 너에 대해서 말할지라도, 너에 대한 모든 말은 네가 보는 좁은 지역에 한정되고, 어느 누구에 대한 말도 결코 영원하지 않으며, 인간의 죽음에 의해서 파묻히고 후손의 망각에 의해서 사라진다."

【24】 30. (26) 그분께서 이렇게 말씀하시자 내가 말했네. "아프리카누스님, 조국에 공을 세운 사람들에게 하늘로 진입하는 길이 열려 있다면, 제가 어려서부터 아버님과 할아버님의 발자취를 따라서 두 분 못지않게 영예를 얻었더라도, 지금 할아버님께서 그토록 큰 보상을 설명해주셨으니 훨씬 더 주의해서 [그런 보상을 얻도록] 노력하겠습니다."

그분께서 말씀하셨네. "진심으로 노력하라. 그리고 죽는 것은 네가 아니라 너의 육체라고 여겨라. 왜냐하면 너는 너의 겉모습으로 보여지는 존재가 아니며, 각자는 각자의 정신이지, 손가락으로 가리킬 수 있는 형체가 아니기 때문이다. 따라서 너 자신이 신이라고 알아 두어라. 신이 살아 있는 존재, 감각하는 존재, 기억하는 존재, 예견하는 존재, (으뜸가는 신이 이 세계를 지배하는 만큼) 자기의 지휘를 받는 육체를 지배하고 제어하고 움직이는 존재라면 말이다. 영원한 신이 부분적으로 사멸하는 세계를 움직이듯이, 영원한 영혼은 덧없는 육체를 움직인다. 【25】 31. (27) 항상 움직이는 것은 영원하다. 반면 어떤 것에게 움직임을 전달하고 그 자체가 다른 것에 의해서 움직여지는 것은 움직임이 끝날 때 반드시 삶이 끝난다.[161] 따라서 자기를 움직이는 것만이 자기를 결코 버리지 않기 때문에 움직임을 결코 멈추지 않는다. 게다가 이것은 움직여지는 다른 것들에게 움직임의 원천이자 시초이다. 그런데 시초의 기원은 없다. 왜냐하면 모든 것은 시초에서 생기지만, 시초 자체는 다른 것에서 태어날 수 없기 때문이다. 시초가 다른 것에 의해서 산출되었다면, 그것은 시초가 아니었을 테니 말이다. 그리고 시초가 결코 생기지 않으면, 그것은 결코 없어지지도 않는다. 왜냐하면 시초가 소멸되면, 그것은 어떤 것으로부터 다시 태어나지도 않을 것이고, 자기로부터 다른 것을 만들어내지도 않을 것이기 때문이다. 모든 것이 반드시 시초에서 생긴다면 말이다. 그래서 움직임의 시초는 자기를 움직이는 것에서 비롯한다. 게다가 그것은 태어날 수도 죽을 수도 없다. 그렇지 않으면 모든 하늘과 모든 자연은 반드시 무너지고 멈추며, 처음부터 자기를 밀어서 움직일 힘을 얻지 못한다. 【26】 32. (28) 따라서 자기를

161　31~32절은 플라톤, 『파이드로스』, 245c~246a의 번역이다.

움직이는 것이 영원하다는 것은 분명하기 때문에, 이런 본성이 영혼에게 부여되었음을 누가 부정하겠는가? 외부의 일격에 의해서 움직인 것은 모두 영혼이 없는 것이지만, 영혼이 있는 것은 자기 내부의 움직임에 의해서 움직인다. 이것이 영혼의 고유한 본성이자 힘이다. 이것이 모든 것 중 자기를 움직이는 유일한 것이라면, 확실히 이것은 태어난 것이 아니라 영원한 것이다. 33. (29) 최고의 활동을 하면서 영혼을 훈련하라! 조국의 안녕에 대한 관심이 최고의 관심이다. 이 관심에 의해서 단련되고 훈련된 영혼은 이 거처와 자기 집으로 더 빨리 날아갈 것이다. 다음의 경우에 이를 더 빨리 할 것이다. 영혼이 육체에 갇혀 있더라도 밖으로 튀어 나가고, 육체 바깥에 있는 것을 바라보며 자기를 육체에서 최대한 떼어놓는다면 말이다. 육체의 쾌락에 탐닉하고 쾌락의 시종처럼 처신하며 쾌락에 복종하는 욕정의 자극 때문에 신과 인간의 법을 위반한 자들의 영혼은 육체에서 빠져나와 지구 주위를 뒹굴며, 여러 세대 동안 시달리지 않으면 이곳으로 돌아오지 않는다." 그분께서는 떠나셨고, 나는 잠에서 깨어났네.

위치가 불확실한 단편

1. …… 시민이든 적이든 어느 누구도 그[아프리카누스]에게 그의 행위에 대한 보답을 할 수 없을 것이다.[162]

2. 누군가가 신들의 구역으로 올라가는 것이 신의 뜻이라면, 나에게만 가장 큰 하늘의 문이 열려 있다.[163]

3. 그[키케로]가 말한다. "아프리카누스여, 정말로 그렇습니다. 왜냐하면 헤라클레스에게도 그 문은 열려 있었기 때문입니다. ……"[164]

4. 우리가 국가와 견주고 싶을 만한 본보기는 없다.[165]

5. 그리고 자연 자체는 그것을 권유할 뿐만 아니라 강제하기도 한다.[166]

6. 루키우스 퀸크티우스가 독재관으로 임명되자[167]

7. 이 점에서 불안하고 위험한 정의는 현자의 것이 아니라는 데 나는 동의한다.[168]

8. 따라서 쾌락으로 날뛰거나 괴로움으로 위축되는 어떤 소

---

162 세네카, 『도덕 서한』, 108.33. Ziegler 편집본 3권 6절.
163 세네카, 『도덕 서한』, 108.34. Ziegler 편집본 불확실한 단편 6.
164 락탄티우스, 『거룩한 가르침』, 1.18.11. Ziegler 편집본 불확실한 단편 6.
165 디오메데스, 1.365.20. Ziegler 편집본 1권 34절.
166 노니우스, 321.16. Ziegler 편집본 1권 39절.
167 세르비우스, 『베르길리우스의 농경시에 관한 주석』, 3.125. Ziegler 편집본 2권 63절.
168 프리스키아누스, 8.6.32. Ziegler 편집본 3권 39절.

란스러운 것이 개인들에게 있다.[169]

9. …… 우리 모두가 손안에 갖고 있는 라일리우스의 말은, 대제관의 헌주 잔과 그가 기록한 대로 사모스의 제주 잔이 불멸의 신들에게 얼마나 고마운지 [보여준다].[170]

10a. 라코니아인 메넬라오스가 어떤 감언이설의 즐거움을 지녔듯이[171]

10b. 그가 말할 때 간결하게 말하게 하라.[172]

11. 노력하게 하라.[173]

12. 그들은 뛰어나다.[174]

13. 영광으로 길러져야 한다고 [키케로가] 말하는, 나라 지도자의 교육에 관하여[175]

---

169 노니우스, 301.5. Ziegler 편집본 3권 단편 1.

170 노니우스, 398.28. Ziegler 편집본 6권 2절.

171 아울루스 겔리우스, 『아티카의 밤』, 12.2.6. Ziegler 편집본 5권 11절.

172 아울루스 겔리우스, 『아티카의 밤』, 12.2.7. Ziegler 편집본 5권 11절.

173 디오메데스, 1.339.31. Ziegler 편집본 불확실한 단편 2.

174 디오메데스, 1.374.17. Ziegler 편집본 불확실한 단편 3.

175 아우구스티누스, 『신국론』, 5.13. Ziegler 편집본 5권 9절.

작품 안내

1. 키케로의 생애

마르쿠스 툴리우스 키케로(기원전 106~43년)는 기원전 106년에 아르피눔에서 태어났다. 로마에서 철학, 수사학, 법학을 공부했다. 기원전 80년에 부친 살해 혐의로 고발당한 섹스투스 로스키우스를 변호하는 데 성공했지만, 기원전 79년에 로마를 떠나 아테네와 로도스에 가서 철학과 수사학을 공부했고, 기원전 77년에 로마로 돌아왔다.

키케로는 기원전 75년에 재무관, 기원전 69년에 조영관, 기원전 66년에 법무관, 기원전 63년에 집정관이 되었다. 집정관일 때 정적(政敵) 카틸리나의 음모를 적발하고 제압해서 '국부(pater patriae)'로 칭송받았다. 하지만 음모를 제압하는 과정에서 위법을 저지른 혐의로 기원전 58년에 로마를 떠났다가 1년 만에 돌아왔다. 기원전 51년까지 공직을 떠난 상태에서 『연설가에 관하여』, 『국가론』, 『법률론』 등을 저술했다.

키케로는 기원전 49년에 카이사르와 폼페이우스 사이에 내전이 발생하자 폼페이우스의 편을 들었다. 폼페이우스가 카이사르에게 패한 이후에 키케로는 더 이상 공직 생활을 하지 못한 채 저술에 매진하여『아카데미아학파』,『최고선악론』,『투스쿨룸 대화』,『의무론』등 여러 작품을 남겼다.

기원전 44년에 카이사르가 암살당하자 로마는 정치적 혼란에 휩싸였다. 키케로는 아테네에서 유학 중인 아들 마르쿠스를 만나고자 아테네로 갈 계획이었지만 가는 도중 이를 포기했다. 공화정 복원을 위해 정적 안토니우스를 공격했고, 이를 위해 카이사르의 양자인 옥타비아누스와 손잡았지만, 옥타비아누스는 안토니우스, 레피두스와 2차 삼두정치에 합의하고 키케로를 배신했다. 키케로는 숙청 대상자 명단에 올라 기원전 43년 12월 7일에 살해되었다.

2.『국가론』의 발견과 전승

19세기 초까지 아우구스티누스의『신국론』등의 작품에『국가론』에 대한 언급은 있었지만,『국가론』의 사본은 발견되지 않았다. (예외적으로「스키피오의 꿈」으로 알려진 6권 12~33은 마크로비우스의『키케로의「스키피오의 꿈」에 대한 주석』에 기록되어 보존되었다.) 1819년에 바티칸 도서관에서 아우구스티누스의「시편」에 대한 주석을 기록한 필사본이 발견되었는데, 그 필사본에서『국가론』의 필사 흔적도 발견되었다. 필사 흔적의 판독을 통해『국가론』원문이 확보되었다.

하지만 키케로가 쓴『국가론』의 약 1/4~1/3 정도만 현재 남은 것으로 추정된다.『국가론』을 판독할 때 화학 약품이 불가피하게 사용되었는데, 그 과정에서 필사본 일부(특히 필사본이 접힌 부분)가 훼손되었다. 그리하여 상대적으로 온전히 보존된 1권부터 3권 전반부까지 중간중간 많은 부분이 훼손되었다. 3권 후반부부터 6권(「스키피오의 꿈」 제외)까지 대부분 소실되었다.

3. 『국가론』의 배경

『국가론』의 저술은 기원전 51년으로, 등장인물들의 대화 시기는 기원전 129년으로 추정된다. 등장인물은 스키피오, 라일리우스, 필루스 등인데, 스키피오 서클의 일원이었다. 스키피오 서클은 로마의 유복한 귀족 집단으로 희랍의 학문을 닦는 데 정진했고, 스토아 철학에 특히 심취했다.

기원전 2세기에 로마는 북아프리카, 히스파니아(스페인), 그리스 등 여러 지역을 정복할 정도로 매우 막강했다. 정복 지역에서 막대한 배상금을 받고 전리품을 거두어들여서 로마는 부강했지만, 로마 시민 간의 빈부격차는 극심했다. 부자들은 라티푼디움(대농장)으로 막대한 부를 축적한 반면, 자영 농민층이 몰락하여 도시 빈민이 무더기로 양산되었다. 기원전 133년에 호민관 티베리우스 그라쿠스는 빈부격차 문제를 해결하고자 농지법(누구든지 일정 이상의 공유지를 보유할 수 없고, 초과된 땅은 몰수되어 토지가 없는 농민에게 재분배) 제정을 통해 개혁을 시도했다. 평민은 환영했지만, 귀족은 반대했다. 결국 그는 그의 개혁에 반대하는 자들에 의해 살해당했다. 『국가론』의 대화는 부유한 귀족과 가난한 평민의 대립이 점점 심해지는 시기에 이루어졌다.

4. 정체

『국가론』의 논의 주제는 '국가의 최선의 정체(1권 33절, 이하 '권'과 '절' 생략)'이다. (『국가론』에서 국가(res publica)와 나라(civitas)는 동의어이다.) 먼저 국가가 정의되는데, 국가는 인민의 것이다(1.39). 그다음으로 인민이 정의되는데, 인민은 어떤 식으로든 군집한 인간들의 온갖 모임이 아니라 법에 대한 동의와 유익의 공유로 하나가 된 다수의 모임이다(1.39). (인민은 귀족과 평민 모두를 망라하는 시민 전체일 수도 있고, 평민일 수도 있는데, 이 경우에 인민은 시민 전체이다.) 인민의 것인 국가가 오래 지속되기 위해서는 심의의 지배를 받아야 하는데, 심의는 일인 또는 소수 또는 다수가 행사한다(1.41~42). 심의하는 일인은 왕이고 그 정체는 왕정이며, 심의하는 소수는 귀족이고 그 정체는 귀족정이며, 심의하는 다수는 인민이고 그 정체는 민주정이다(1.42). (이 경우에 인민은 평민이다.)

왕정, 귀족정, 민주정 모두 결함이 있다. 왕정의 결함은 왕을 제외한 모든 사람이 공동의 법과 심의에 참여하지 못하는 것이고, 귀족정의 결함은 다수가 공동의 심의와 권력에서 배제되기 때문에 자유를 누릴 수 없는 것이며, 민주정의 결함은 지위 등급을 전혀 인정하지 않기 때문에 평등이 불평등한 것이다(1.43). 왕정, 귀족정, 민주정 모두 인접한 나쁜 정체로 타락할 수 있는 결함이 있다(1.44). 왕정은 참주정으로, 귀족정은 과두정으로, 민주정은 중우정(폴뤼비오스의『역사』에서 차용한 용어)으로 타락할 수 있다. 가장 인정받아야 하는 정체는 왕정, 귀족정, 민주정이 적절히 혼합된 정체이다(1.45).

정체 분류에서 키케로는 폴뤼비오스의 영향을 받았고, 폴뤼비오스는 아리스토텔레스의 영향을 받았으며, 아리스토텔레스는 플라톤의 영향을 받았다. 플라톤은『정치가』에서 정체 분류를 제시하는데, 정치적 지식을 지닌 참된 정치가나 왕이 지배하는 바른 정체를 제외한 6개의 바르지 않은 정체를 지배자의 수(일인, 소수, 다수)와 준법 여부(준법, 위법)라는 기준으로 분류한다. 왕정(일인, 준법), 귀족정(소수, 준법), 민주정(다수, 준법), 민주정(다수, 위법), 과두정(소수, 위법), 참주정(일인, 위법). (플라톤은 두 민주정의 이름을 구분하지 않았다.) 아리스토텔레스는『정치학』에서 정체 분류를 제시하는데, 정체 분류의 기준은 지배자의 수(일인, 소수, 다수)와 이익(공익, 사익)이다. 왕정(일인, 공익), 귀족정(소수, 공익), 폴리테이아 또는 혼합정(다수, 공익), 민주정(다수, 사익), 과두정(소수, 사익), 참주정(일인, 사익). 폴뤼비오스는『역사』에서 정체 분류를 제시하는데, 정체 분류의 기준은 지배자의 수(일인, 소수, 다수)와 좋음 여부(좋음, 나쁨)이다. 왕정(일인, 좋음), 귀족정(소수, 좋음), 민주정(다수, 좋음), 중우정(다수, 나쁨), 과두정(소수, 나쁨), 참주정(일인, 나쁨).

왕정, 귀족정, 민주정은 결함도 있지만, 이들 각 정체를 옹호할 이유도 있다. 민주정에서 자유는 평등하고, 모두가 같은 이익을 공유해서 화합이 매우 쉽게 이루어지기 때문에 민주정이 옹호된다(1.47, 1.49). 국가의 안녕은 부자나 고귀한 가문 출신이 아니라 최고의 덕을 지닌 최선자나 귀족의 심의에 달려 있고, 일인의 허약함과 다수의 무분별 사이에서 중간 입장을 취하는 귀족이 국가를 돌볼 때 인민이 가장 행복하기 때문에 귀족정이 옹호된다(1.51~52). 인간의 정신 안에서 이성의 지배가 바람직하듯 왕의 지배가 바람직하고, 왕이 있어야 인민이 과도한 자유 속에서 날뛰지 못하기 때문에 왕정이 옹호된다(1.60, 1.62). 왕은 사랑으로, 귀족은 슬기로, 인민은 자유로 사로잡기에 왕정, 귀족정, 민주정 모두 인정받을 만한 정체이지만, 스키피오는 왕정, 귀족정, 민주정 순으로 인정한다(1.54~55, 1.65).

하지만 왕정, 귀족정, 민주정이 균형 있게 혼합된 정체가 최선의 정체인데, 왜냐하면 이 최선의 정체 안에 왕정의 요소, 귀족정의 요소, 민주정의 요소가 모두 다 있기 때문이다(1.69). 이 최선의 정체에는 일종의 평등이 있기 때문에 사람들은 자유롭고, 견고함도 있기 때문에 정체가 바뀌기 어렵다(1.69). 그런데 최선의 정체는 로마의 정체이다(1.70).

5. 로마사

『국가론』 2권의 목적은 로마사를 통해 로마의 정체가 최선의 정체임을 밝히는 것이다. 이를 위해 로마 인민의 기원으로 거슬러 올라간다(2.3). 로물루스가 로마를 건국했는데, 왕의 권력에 귀족의 권위가 더해지면 더 좋은 통치가 이루어지기 때문에 원로원을 고안해 냈다(2.4, 2.15). 원로원은 로물루스의 사후에 왕 없이 지배하려 했지만, 인민이 계속 왕을 요구해서 누마 폼필리우스가 왕으로 선출되었다(2.23, 2.25). 누마 이후에 툴루스 호스틸리우스, 안쿠스 마르키우스, 루키우스 타르퀴니우스를 거쳐 세르비우스 툴리우스가 왕이 되었다. 그는 인민을 193개 백인대로 편성한 다음 소수인 부자(기병, 제1계급)가 투표를 좌우하게 해서 빈자인 다수(제2계급~제5계급)가 투표에서 배제되지 않더라도 투표에 큰 영향력을 행사하지 못하게 했다(2.39).

그다음에 왕이 된 타르퀴니우스 수페르부스는 인민을 돌보지 않고 불의하게 지배했기 때문에 참주가 되었다(2.45, 2.47~48). 그의 오만함, 그와 그의 아들들의 불의 때문에 로마 인민이 격분해서 왕과 타르퀴니이 씨족을 추방했고, 이로 인해 로마 왕정이 종식했다(2.45~46, 2.52).

기원전 509년에 로마 공화정이 시작했다. 임기 1년의 2명의 집정관이 왕과 같은 권력을 지녔고, 인민이 자유를 지녔어도, 원로원이 나랏일을 주도했다(2.55~56). 그 후에 평민이 더 많은 권리를 요구해서 호민관이 선출되었다(2.57, 2.59). 기원전 451년에 법률(12표법) 제정을 위해 상소 면제권과 최고 권력을 지닌 10인관이 선출되었지만, 제멋대로 인민을 지배했기 때문에 3년만에 축출되었다(2.61, 2.63).

로마 공화정은 최고 신분과 최하 신분과 중간 신분의 적절한 혼합을 통해서 화합과 조화를 이루었다(2.69). 정무관들에게 충분한 권력이 있고(왕정의 요소), 귀족들 또는 제일 시민들의 심의에 충분한 권위가 있고(귀족정의 요소), 인민에게 충분한 자유가 있는(민주정의 요소) 로마의 정체는 왕정, 귀족정, 민주정이 적절히 혼합되었기 때문에 최선의 정체이다(2.57, 2.65~66).

6. 정의

'불의 없이 국가가 존재할 수 없다'는 주장은 거짓이고, '극도의 정의 없이 국가가 전혀 운영될 수 없다'는 주장은 완전히 참임을 밝히고자(2.70) 『국가론』 3권에서 필루스는 불의를 옹호하고, 라일리우스는 정의를 옹호한다. 필루스는 모두에게 동일한 자연적인 정의도 없고, 모든 사람, 모든 시대마다 동일한 자연적인 법도 없으며, 법, 제도, 관습, 풍속이 종족마다 다를 뿐만 아니라 한 도시에서도 바뀐다고 말한다(3.8, 3.10~11). 정의는 인민과 권력자 사이에 체결된 일종의 협정에 불과하며, 처벌받지 않고 불의를 행하는 것(최선)을 선택할 수 없을 때 불의를 행하지도 않고 당하지도 않는 것(차선)을 선택할 뿐이다(3.17). 게다가 지혜를 따르면 부와 권력 등의 좋은 결과가 초래되는 반면, 정의를 따르면 나쁜 결과가 초래된다(3.13, 3.18).

불의를 옹호하는 필루스와 달리 라일리우스는 정의를 옹호한다. 자연과 일치하고 모든 사람에게 퍼져 있으며 한결같은 영원한 이성인 참된 법률의 개정과 수정과 폐지는 옳지 않고, 어느 누구도 이 법률의 적용을 면제받을 수 없다(3.27). 자연법인 참된 법률에 따르는 것이 정의이다. 스키피오도 라일리우스를 거들어 정의를 옹호한다. 참주 일인이든 과두정 당파든 대중이든 법과 정의를 따르지 않고서 자의적으로 지배하는 국가에는 인민의 것이 없기 때문에 그런 국가는 국가가 아니다(3.35).

옮긴이의 말

키케로의 『국가론』은 중간에 끊어지는 부분이 많고 단편만 있는 부분도 많아서 술술 읽히지 않는 작품입니다. 내용 구분과 작품 안내를 먼저 읽고 나서 본문을 읽으면 『국가론』을 읽는 데 도움이 될 것입니다. 본문에 소괄호, 줄표, 대괄호, 꺾쇠 대괄호, 별표 등이 난삽하게 나오기 때문에 일러두기를 먼저 읽고 나서 본문을 읽으면 좋을 것 같습니다.

처음에는 단어 하나하나까지 놓치지 않고 최대한 원문에 가깝게 번역하려 했지만, 교정을 거치면서 가독성 있게 잘 읽히도록 번역을 상당히 수정했습니다. 그럼에도 정확한 내용 전달이 중요한 부분은 원문에 가깝게 번역했기에 우리말이 어색해도 양해를 부탁드립니다. 출판에 흔쾌히 응하고 심혈을 기울여 교정한 신현부 대표께 진심으로 감사드립니다.

2025년 5월 임성진

인명

아라비아 숫자는 권과 절을 가리킨다. 예를 들어 '2.36'은 『국가론』 2권 36절을 가리킨다.

ㄱ

가이우스 두일리우스 → 두일리우스, 가이우스

가이우스 마리우스 → 마리우스, 가이우스

가이우스 술피키우스 갈루스 → 술피키우스 갈루스, 가이우스

가이우스 율리우스 → 율리우스, 가이우스

가이우스 율리우스 → 율리우스 율루스, 가이우스

갈루스 → 술피키우스 갈루스, 가이우스

그나이우스 스키피오 → 코르넬리우스 스키피오 칼부스, 그나이우스

그라쿠스 → 셈프로니우스 그라쿠스, 티베리우스(1)

ㄴ

나비우스, 아투스 Navius, Attus (기원전 6세기): 조점관. 타르퀴니우스 프리스쿠스가
　　생각하고 있는 것이 실현되리라고 예언한 다음 칼로 숫돌을 잘라 예언을 실현
　　한 것으로 유명. 2.36

나시카 → 코르넬리우스 스키피오 나시카 세라피오, 푸블리우스

나이비우스, 그나이우스 Naevius, Gnaeus (기원전 270년 경~기원전 200년): 로마의
　　시인, 극작가. 4.20b

네오프톨레모스 Neoptolemus: 아킬레우스의 아들. 트로이 전쟁의 영웅. 1.30

누마 폼필리우스 → 폼필리우스, 누마

ㄷ

데마라토스 Demaratus (기원전 6세기): 코린토스 출신. 루키우스 타르퀴니우스 왕
　　의 아버지. 2.34

데메트리오스 Demetrius (기원전 350년 경~기원전 283년 이후): 팔레론 출신. 소요
　　학파 철학자. 기원전 317년~기원전 307년 마케도니아의 카산드로스 왕을 대리
　　해서 아테네 지배. 기원전 307년 아테네에서 망명하여 알렉산드리아로 감. 2.2

데키무스 베르기니우스 → 베르기니우스, 데키무스

두일리우스, 가이우스 Duilius, Gaius (기원전 3세기): 기원전 260년 집정관. 제1차 카르타고 전쟁 때 뮐라이에서 카르타고 함대를 격퇴. 1.1

드라콘 Draco (기원전 7세기): 기원전 620년 아테네에서 최초로 성문법 제정. 2.2

디오뉘시오스 Dionysius (기원전 5세기~기원전 4세기): 기원전 405년~기원전 367년 시라쿠사의 참주(디오뉘시오스 1세). 1.28, 3.35

ㄹ

라르키우스, 티투스 Larcius, Titus: 기원전 501년 또는 기원전 498년 집정관, 독재관. 2.56

라이나스 → 포필리우스 라이나스, 푸블리우스

라일리우스, 가이우스 Laelius, Gaius (기원전 190년 경~기원전 128년):『국가』의 대화 참여자. 기원전 140년 집정관. 스키피오의 친한 친구. 키케로『우정론』의 중심인물. 1.18 및 여러 곳

레무스 Remus (기원전 8세기): 로물루스의 동생. 2.4

로물루스 Romulus (기원전 8세기): 로마의 건국자. 기원전 753년~기원전 715년 로마의 제1대 왕. 1.25, 1.58, 1.64, 2.4, 2.10~20, 2.22~23, 2.25~26, 2.50~52, 2권 단편 7, 3.32, 3.36, 6.28

루쿠모 Lucumo (기원전 8세기): 로물루스의 동료. 2.14

루쿠모 → 타르퀴니우스 프리스쿠스, 루키우스

루크레티아 Lucretia (기원전 6세기): 타르퀴니우스 콜라티누스의 아내. 타르퀴니우스 수페르부스의 아들인 섹스투스에 의해서 강간당한 후 자살. 2.46

루크레티우스 트리키피티누스, 스푸리우스 Lucretius Tricipitinus, Spurius (기원전 6세기): 루크레티아의 부친. 기원전 509년 브루투스 후임 집정관. 2.46, 2.55

루키우스 메텔루스 → 카이킬리우스 메텔루스, 루키우스

루키우스 발레리우스 포티투스 → 발레리우스 포티투스, 루키우스

루키우스 브루투스 → 유니우스 브루투스, 루키우스

루키우스 세스티우스 → 세스티우스, 루키우스

루키우스 퀸크티우스 → 퀸크티우스 킨킨나투스, 루키우스

루키우스 타르퀴니우스 → 타르퀴니우스 프리스쿠스, 루키우스

루키우스 타르퀴니우스 수페르부스 → 타르퀴니우스 수페르부스, 루키우스

루키우스 파울루스 → 아이밀리우스 파울루스, 루키우스

루키우스 파피리우스 → 파피리우스, 루키우스

루키우스 파피리우스 → 파피리우스 쿠르소르, 루키우스

루틸리우스 루푸스, 푸블리우스 Rutilius Rufus, Publius (기원전 2세기~기원전 1세기): 『국가』의 대화 참여자. 기원전 105년 집정관. 기원전 92년 부당 취득 혐의로 유죄 판결을 받자 스뮈르나로 망명. 1.13, 1.17

뤼쿠르고스 Lycurgus (기원전 9세기): 스파르타의 정체를 세운 입법자. 2.2, 2.15, 2.17, 2.24, 2.42~43, 2.50, 2.58, 3.9, 4.18

리키니우스 크라수스 디베스 무키아누스, 푸블리우스 Licinius Crassus Dives Mucianus, Publius (기원전 130년 사망): 기원전 131년 집정관. 가이우스 그라쿠스의 장인. 스키피오의 정적. 1.31, 3.10

□

마니우스 마닐리우스 → 마닐리우스, 마니우스

마니우스 쿠리우스 → 쿠리우스 덴타투스, 마니우스

마닐리우스, 마니우스 Manilius, Manius (기원전 2세기): 『국가』의 대화 참여자. 기원전 149년 집정관. 유명한 연설가, 법률가. 기원전 149년 카르타고를 포위했지만, 기원전 148년 로마로 귀환. 1.18, 1.20, 1.30, 1.34, 2.28~29, 3.10, 6.13

마르스 Mars: 로마의 전쟁 신. 희랍 신화의 아레스 신. 2.4

마르켈루스 → 클라우디우스 마르켈루스, 마르쿠스 (1)

마르쿠스 마르켈루스 → 클라우디우스 마르켈루스, 마르쿠스 (1)

마르쿠스 마르켈루스 → 클라우디우스 마르켈루스, 마르쿠스 (2)

마르쿠스 만리우스 → 만리우스 카피톨리누스, 마르쿠스

마르쿠스 카토 → 포르키우스 카토, 마르키우스

마르쿠스 호라티우스 바르바투스 → 호라티우스 바르바투스, 마르쿠스

마르키우스, 안쿠스 Marcius, Ancus (기원전 7세기): 기원전 640년~기원전 617년 로마의 제4대 왕. 2.5, 2.33, 2.35, 2.38

마리우스, 가이우스 Marius, Gaius (기원전 157년~기원전 86년): 기원전 107년, 기원전 104년, 기원전 103년, 기원전 102년, 기원전 101년, 기원전 100년, 기원전 86년 집정관. 아르피눔 출신. 신인(新人). 기원전 88년 폰투스의 미트리다테스 6세와 싸울 때 지휘권을 놓고 술라와 내전을 벌임. 1.6

마시니사 Masinissa (기원전 240년 경~기원전 149년): 누미디아의 왕. 제2차 카르타고 전쟁 때 로마가 카르타고를 이기는 데 기여. 죽을 때까지 로마에 충성. 6.13

마일리우스, 스푸리우스 Maelius, Spurius (기원전 439년 사망): 참주가 되려는 음모로 인해 처형당함. 2.49

막시무스 → 파비우스 막시무스, 퀸투스

만리우스 카피톨리누스, 마르쿠스 Manlius Capitolinus, Marcus (기원전 384년 사망): 기원전 392년 집정관. 참주가 되려는 음모로 인해 처형당함. 2.49

만키누스 → 호스틸리우스 만키누스, 가이우스

메넬라오스 Menelaus: 스파르타의 왕. 트로이 전쟁의 영웅. 위치가 불확실한 단편 10a

메텔루스 → 카이킬리우스 메텔루스 누미디쿠스, 퀸투스

무키우스 스카이볼라, 퀸투스 Mucius Scaevola, Quintus (기원전 88년 경 사망): 『국가』의 대화 참여자. 기원전 117년 집정관. 라일리우스의 사위. 유명한 법률가. 키케로의 『연설가에 대하여』의 대화 참여자. 1.18, 1.33

무키우스 스카이볼라, 푸블리우스 Mucius Scaevola, Publius (기원전 115년 경 사망): 퀸투스 무키우스 스카이볼라의 부친. 기원전 133년 집정관. 유명한 법률가. 스키피오의 정적. 티베리우스 그라쿠스의 지지자. 1.20, 1.31

뭄미우스, 스푸리우스 Mummius, Spurius (기원전 2세기): 『국가』의 대화 참여자. 연설가. 1.18, 1.34, 3.36, 5.6

미노스 Minos: 크레타의 왕. 입법자. 2.2

밀티아데스 Miltiades (기원전 550년 경~기원전 489년): 아테네의 장군. 기원전 490년 마라톤 전투에서 승리. 파로스 정복 실패로 벌금형을 받았지만, 부상으로 인해 사망. 1.5

ㅂ

발레리우스 포티투스, 루키우스 Valerius Potitus, Lucius (기원전 5세기): 기원전 449년 집정관. 상소 면제권을 지닌 정무관이 선출되지 않게 하라는 법률 제정. 2.54

발레리우스 푸블리콜라, 푸블리우스 Valerius Publicola, Publius (기원전 6세기~기원전 5세기): 기원전 509년, 기원전 508년, 기원전 507년, 기원전 504년 집정관. 별명은 인민의 아첨자. 최초로 인민 앞에서 권표를 내림. 2.53, 2.55

베르기니우스, 데키무스 Verginius, Decimus (기원전 5세기): 로마의 군인. 10인관 클라우디우스 크라수스에게 강간당하지 않도록 딸 베르기니아를 살해. 이로 인해 10인관 단(團)이 해체됨. 2.63

부시리스 Busiris: 이집트의 왕. 3.9

ㅅ

사르다나팔로스 Sardanapallus (기원전 7세기): 니네베 또는 아시리아의 왕. 3권 단편 6a

세르비우스 → 툴리우스, 세르비우스

세르비우스 갈바 → 술피키우스 갈바, 세르비우스

세르비우스 툴리우스 → 툴리우스, 세르비우스

세르빌리우스 아할라, 가이우스 Servilius Ahala, Gaius (기원전 5세기): 기원전 439년 스푸리우스 마일리우스를 살해하고 나서 망명. 1.6

세스티우스, 루키우스 Sestius, Lucius (기원전 5세기): 살해 혐의로 재판을 받음. 2.61

섹스투스 → 아일리우스 파이투스, 섹스투스

셈프로니우스 그라쿠스, 티베리우스 (1) Sempronius Gracchus, Tiberius (기원전 154년 사망): 그라쿠스 형제의 부친. 기원전 177년, 기원전 163년 집정관. 기원전 169년 감찰관. 가이우스 클라우디우스 풀케르와 함께 반역죄로 고발당했으나 무죄로 풀려남. 6.8

셈프로니우스 그라쿠스, 티베리우스 (2) Sempronius Gracchus, Tiberius (기원전 133년 사망): 기원전 133년 호민관. 토지 재분배 제안이 격렬한 반대에 부딪혀 코르넬리우스 스키피오 나시카 세라피오가 이끈 군중에게 살해당함. 1.31, 3.34, 6.15

셈프로니우스 투디타누스, 가이우스 Sempronius Tuditanus, Gaius (기원전 2세기): 기원전 129년 집정관. 1.14

소크라테스 Socrates (기원전 469년~기원전 399년): 매우 유명한 철학자. 플라톤의 스승. 불경죄와 청년 타락죄로 유죄를 선고받고 사형당함. 1.15~16, 2.3, 2.22, 2.51, 3.5

솔론 Solon (기원전 6세기): 기원전 594년에 아테네에서 아르콘이 되어 재산에 근거한 계급을 만들고 채무로 인한 예속을 없앰. 아테네 민주정의 수립자로 여겨짐. 2.2, 2.59

술피키우스 갈루스, 가이우스 Sulpicius Galus, Gaius (기원전 2세기): 기원전 166년

집정관. 천문학자. 1.21~22, 1.30

술피키우스 갈바, 세르비우스 Sulpicius Galba, Servius (기원전 2세기): 기원전 144년
    집정관. 유명한 연설가, 조점관. 루시타니인들을 대량학살. 3.34

스키피오 → 코르넬리우스 스키피오 아이밀리아누스 아프리카누스, 푸블리우스

스키피오 → 코르넬리우스 스키피오, 푸블리우스

스푸리우스 마일리우스 → 마일리우스, 스푸리우스

스푸리우스 뭄미우스 → 뭄미우스, 스푸리우스

스테시코로스 Stesichorus (기원전 556년 사망): 희랍의 서정시인. 2.20

스푸리우스 루크레티우스 → 루크레티우스 트리키피티누스, 스푸리우스

스푸리우스 카시우스 → 카시우스, 스푸리우스

스푸리우스 타르페이우스 → 타르페이우스, 스푸리우스

시모니데스 Simonides (기원전 6세기~기원전 5세기): 희랍의 시인. 2.20

ㅇ

아낙사고라스 Anaxagoras (기원전 500년 경~기원전 428년): 아테네의 자연 철학자. 1.25

아라토스 Aratus (기원전 315년 경~기원전 240년 이전): 천문학 시 『현상』의 저자.
    1.22, 1.56

아르퀴타스 Archytas (기원전 5세기~기원전 4세기): 타렌툼 출신. 피타고라스학파 철
    학자, 수학자, 정치가, 장군. 기원전 361년 시라쿠사에서 플라톤을 디오니시오스
    2세로부터 구출. 1.16, 1.59~60

아르키메데스 Archimedes (기원전 287년 경~기원전 212년): 수학자, 발명가, 기술자.
    시라쿠사 포위 때 사망. 1.21~22, 1.28

아리스토데모스 Aristodemus (기원전 4세기): 비극 배우. 4.21

아물리우스 Amulius: 알바 롱가의 왕. 2.4

아울루스 아테르니우스 → 아테르니우스, 아울루스

아이밀리우스 파울루스, 루키우스 Aemilius Paulus, Lucius (기원전 160년 사망): 스
    키피오의 생부. 기원전 182년, 기원전 168년 집정관. 기원전 168년 제3차 마케
    도니아 전쟁 때 퓌드나 전투에서 마케도니아 왕 페르세우스 격퇴. 1.14, 1.23,
    1.31, 6.18~20

아이스키네스 Aeschines (기원전 397년~기원전 322년): 아테네의 정치가, 연설가. 4.21

아일리우스 투베로, 퀸투스 Aelius Tubero, Quintus (기원전 2세기): 『국가』의 대화

참여자. 스키피오의 조카. 기원전 129년 이전 호민관. 스토아 철학자. 1.14~15, 1.17, 1.23, 1.26, 1.29, 1.31, 1.64~65

아일리우스 파이투스, 섹스투스 Aelius Paetus, Sextus (기원전 3세기~기원전 2세기): 기원전 198년 집정관. 로마법 전문가. 1.30, 3.27

아퀼리우스, 마니우스 Aquilius, Manius (기원전 2세기): 기원전 129년 집정관. 1.14

아킬레우스 Achilles: 트로이 전쟁의 영웅 1.30

아테르니우스, 아울루스 Aternius, Aulus (기원전 5세기): 기원전 454년 집정관. 2.60

아투스 나비우스 → 나비우스, 아투스

아틸리우스 칼라티누스, 아울루스 Atilius Calatinus, Aulus (기원전 3세기): 기원전 258년, 기원전 254년 집정관. 기원전 249년 독재관. 제1차 카르타고 전쟁의 영웅. 1.1

아폴론 Apollo: 예언, 치료, 시, 음악의 신. 2.44

아프리카누스 → 코르넬리우스 스키피오 아이밀리아누스 아프리카누스, 푸블리우스

아프리카누스 → 코르넬리우스 스키피오 아프리카누스, 푸블리우스

아피스 Apis: 이집트의 멤피스에서 숭배받은 성스러운 소. 3.9

아피우스 클라우디우스 → 클라우디우스 풀케르, 아피우스

아할라 → 세르빌리우스 아할라, 가이우스

안쿠스 마르키우스 → 마르키우스, 안쿠스

알렉산드로스 Alexander (기원전 356년~기원전 323년): 기원전 336년~기원전 323년 마케도니아의 왕. 3.9

에우독소스 Eudoxus (기원전 390년 경~기원전 340년 경): 크니도스 출신. 수학자, 천문학자. 동심천구설(同心天球說) 주장. 1.22

엔니우스, 퀸투스 Ennius, Quintus (기원전 239년~기원전 169년): 로마의 시인. 많은 비극과 로마사에 관한 서사시 『연대기』를 지음. 1.3, 1.25, 1.30, 1.49, 1.64, 6.14

엠페도클레스 Empedocles (기원전 492년 경~기원전 432년): 아크라가스 출신. 시 『자연에 관하여』와 『정화의례들』을 쓴 철학자. 4원소와 윤회를 주장. 3.11

오피미우스, 가이우스 Opimius, Gaius (기원전 2세기): 기원전 121년 집정관. 가이우스 그라쿠스를 살해할 때 큰 역할. 기원전 109년 누미디아의 왕 유구르타의 뇌물을 받은 혐의로 망명함. 1.6

유니우스 브루투스, 루키우스 Iunius Brutus, Lucius (기원전 6세기): 기원전 509년 집정관. 로마 왕 타르퀴니우스 수페르부스 축출. 2.46

유피테르 Iuppiter: 로마 신들의 왕. 희랍 신화의 제우스. 1.50, 1.56, 2.36, 3.17

율리우스, 가이우스 Iulius, Gaius (기원전 5세기): 기원전 430년 집정관. 2.60

율리우스 율루스, 가이우스 Iulius Iullus, Gaius (기원전 5세기): 기원전 482년 집정관.
　기원전 451년 10인관. 2.61

율리우스, 프로쿨루스 Iulius, Proculus (기원전 8세기): 퀴리누스 언덕에서 로물루스
　를 보았다고 증언. 2.20

ㅈ

제토스 Zethus: 제우스의 아들. 암피온과 함께 테베를 창건. 1.30

ㅋ

카눌레이우스, 가이우스 Canuleius, Gaius: 기원전 445년 호민관. 2.63

카르네아데스 Carneades (기원전 214년~기원전 129년): 신 아카데미아의 창시자. 회
　의주의 철학자. 기원전 155년 사절이 되어 로마에 와서 정의와 불의를 각각 옹호
　하는 두 차례 연설을 함. 2권 단편 10, 3.7

카밀루스 → 푸리우스 카밀루스, 마르쿠스

카시우스, 스푸리우스 Cassius, Spurius: 기원전 502년, 기원전 493년, 기원전 486년
　집정관. 왕이 되려는 혐의를 받아 처형됨. 2.49, 2.57, 2.60

카이킬리우스 메텔루스 누미디쿠스, 퀸투스 Caecilius Metellus Numidicus, Quintus
　(기원전 2세기~기원전 1세기): 기원전 109년 집정관. 기원전 100년 아풀레이우
　스 사투르니누스의 농지법을 지지를 거부하고 망명. 1.6

카이킬리우스 메텔루스, 루키우스 Caecilius Metellus, Lucius (기원전 221년 사망):
　기원전 251년 집정관. 제1차 카르타고 전쟁 때 시칠리아의 파노르모스에서 카
　르타고 격퇴. 1.1

카이킬리우스 메텔루스 마케도니쿠스, 퀸투스 Caecilius Metellus Macedonicus,
　Quintus (기원전 115년 사망): 기원전 143년 집정관. 스키피오의 정적이자 티베
　리우스 그라쿠스의 정적. 1.31

카이킬리우스 스타티우스 Caecilius Statius (기원전 179년 전성기, 기원전 168년 사망):
　로마의 희극 작가. 4.20b

카토 → 포르키우스 카토, 마르쿠스

코르넬리우스 스키피오 나시카 세라피오, 푸블리우스 Cornelius Scipio Nasica
　Serapio, Publius (기원전 2세기): 코르넬리우스 스키피오 칼부스의 증손자. 기원

전 138년 집정관. 기원전 133년 티베리우스 그라쿠스 살해. 1.6

코르넬리우스 스키피오 아이밀리아누스 아프리카누스, 푸블리우스 [약칭 '스키피오']
Cornelius Scipio Aemilianus Africanus, Publius (기원전 185년~기원전 129년):
『국가』의 대화 참여자. 아이밀리우스 파울루스의 친아들. 푸블리우스 코르넬리우
스 스키피오의 양아들. 아프리카누스의 양손자. 기원전 147년, 기원전 134년 집
정관. 기원전 142년 감찰관. 기원전 146년 제3차 카르타고 전쟁 때 카르타고 파
괴. 기원전 133년 누만티아 파괴. 티베리우스 그라쿠스의 정적. 1.14 및 여러 곳

코르넬리우스 스키피오 아프리카누스, 푸블리우스 [약칭 '아프리카누스'] Cornelius
Scipio Africanus, Publius (기원전 236년~기원전 183년): 스키피오의 양조부. 기
원전 205년, 기원전 194년 집정관. 기원전 202년 제2차 카르타고 전쟁 때 자마
에서 한니발 격퇴. 1.1, 1.27, 6.14~33, 위치가 불확실한 단편 3

코르넬리우스 스키피오 칼부스, 그나이우스 Cornelius Scipio Calvus, Gnaeus (기원
전 3세기): 푸블리우스 코르넬리우스 스키피오의 형제. 아프리카누스의 삼촌. 기
원전 222년 집정관. 히스파니아에서 전사. 1.1, 4.20b

코르넬리우스 스키피오, 푸블리우스 Cornelius Scipio, Publius (기원전 3세기): 아프
리카누스의 아버지. 그나이우스 코르넬리우스 스키피오의 형제. 기원전 218년
집정관. 기원전 216년 제2차 카르타고 전쟁 때 에브로강에서 카르타고 장군 하
스드루발을 격퇴. 히스파니아에서 전사. 1.1, 4.20b

코미니우스, 포스투무스 Cominius, Postumus (기원전 5세기): 기원전 493년 집정
관. 2.57

콜라티누스 → 타르퀴니우스 콜라티누스, 루키우스

쿠리우스 덴타투스, 마니우스 Curius Dentatus, Manius (기원전 4세기~기원전 3세
기): 기원전 290년, 기원전 284년, 기원전 275년, 기원전 274년 집정관. 기원전
290년 제3차 삼니움 전쟁 종결. 검소함으로 유명. 3.5, 3.30a

퀴로스 Cyrus (기원전 6세기): 페르시아 제국을 건국. 기원전 557년~기원전 530년 페
르시아의 왕. 1.43~44

퀸크티우스 킨킨나투스, 루키우스 Quinctius Cincinnatus, Lucius (기원전 5세기): 기
원전 460년 집정관. 기원전 458년, 기원전 439년 독재관. 기원전 458년 농사를
짓다가 독재관이 되어 아이퀴인들을 격퇴한 다음 독재관 사임. 로마에서 검소함
의 본보기. 위치가 불확실한 단편 6

퀸투스 막시무스 → 파비우스 막시무스, 퀸투스

퀸투스 메텔루스 → 카이킬리우스 메텔루스 마케도니쿠스, 퀸투스

퀸투스 스카이볼라 → 무키우스 스카이볼라, 퀸투스

퀸투스 폼페이우스 → 폼페이우스, 퀸투스

퀩셀로스 Cypselus (기원전 7세기): 코린토스의 참주. 2.34

크뤼시포스 Chrysippus (기원전 280년 경~기원전 206년): 스토아 철학자. 스토아학
　　파의 세 번째 수장. 3.8

크세노크라테스 Xenocrates (기원전 396년~기원전 314년): 플라톤의 제자. 아카데미
　　아의 세 번째 수장. 1.3

크세노파네스 Xenophanes (기원전 6세기~기원전 5세기): 희랍의 시인, 철학자.

크세르크세스 Xerxes (기원전 465년 사망): 기원전 486년~기원전 465년 페르시아의
　　왕. 페르시아 전쟁 때 희랍 원정 실패. 3.9

클라우디우스 마르켈루스, 마르쿠스 (1) Claudius Marcellus, Marcus (기원전 208년
　　사망): 마르쿠스 마르켈루스 (2)의 할아버지. 기원전 222년, 기원전 215년, 기원
　　전 214년, 기원전 210년, 기원전 208년 집정관. 기원전 212년 제2차 카르타고
　　전쟁 때 시라쿠사 점령. 1.1, 1.21, 5.8

클라우디우스 마르켈루스, 마르쿠스 (2) Claudius Marcellus, Marcus (기원전 148
　　년 사망): 마르쿠스 마르켈루스 (1)의 손자. 기원전 177년 대제관. 기원전 166
　　년, 기원전 155년, 기원전 152년 집정관. 가까운 히스파니아에서 전쟁을 성공
　　적으로 수행. 1.21

클라우디우스 풀케르, 가이우스 Claudius Pulcher, Gaius (기원전 2세기): 기원전 177
　　년 집정관. 기원전 169년 감찰관. 티베리우스 셈프로니우스 그라쿠스와 함께 반
　　역죄로 고발당했으나 무죄로 풀려남. 6.8

클라우디우스 풀케르, 아피우스 Claudius Pulcher, Appius (기원전 2세기): 기원전
　　143년 집정관. 티베리우스 그라쿠스의 장인. 스키피오의 정적. 1.31

클레오폰 Cleophon (기원전 5세기): 펠로폰네소스 전쟁 때 아테네의 민중선동가. 4.20b

클레온 Cleon (기원전 5세기): 펠로폰네소스 전쟁 때 아테네의 민중선동가. 4.20b

클레이스테네스 Clisthenes (기원전 6세기): 기원전 508년 아테네에 민주정 수립. 2.2

E

타르퀴니우스 수페르부스, 루키우스 Tarquinius Superbus, Lucius (기원전 6세기): 기
　　원전 534년~기원전 510년 로마의 제7대 왕. 타르퀴니우스 프리스쿠스의 아들.

아들 섹스투스가 루크레티아를 강간한 일로 인해 왕에서 쫓겨남. 1.62, 2.28, 2.46, 2.51~52

타르퀴니우스 콜라티누스, 루키우스 Tarquinius Collatinus, Lucius (기원전 6세기): 기원전 509년 집정관. 루크레티아의 남편. 타르퀴니우스 수페르부스의 친척이 었기에 집정관 사임을 압박받아서 집정관 사임. 2.46, 2.53

타르퀴니우스 프리스쿠스, 루키우스 Tarquinius Priscus, Lucius (기원전 7세기~기원전 6세기): 기원전 616년~기원전 579년 로마의 제5대 왕. 데마라토스의 아들. 원래 이름은 루쿠모. 2.35, 2.38

타르페이우스, 스푸리우스 Tarpeius, Spurius (기원전 5세기): 기원전 454년 집정관. 2.60

타티우스, 티투스 Tatius, Titus (기원전 8세기): 사비니의 왕. 로물루스와 공동으로 로마를 지배. 2.13~14

탈레스 Thales (기원전 7세기~기원전 6세기): 밀레토스 출신. 소크라테스 이전 자연 철학자. 7현인 중 한 명. 1.22, 1.25

테미스토클레스 Themistocles (기원전 528년 경~기원전 462년): 아테네의 정치인, 장군. 기원전 480년 살라미스에서 해전 승리. 이후에 도편추방을 당해 페르시아로 망명하여 페르시아의 총독이 됨. 1.5

테세우스 Theseus: 아테네의 왕. 2.2

테오폼포스 Theopompus (기원전 8세기): 스파르타의 왕. 2.58

투디타누스 → 셈프로니우스 투디타누스, 가이우스

투베로 → 아일리우스 투베로, 퀸투스

툴루스 호스틸리우스 → 호스틸리우스, 툴루스

툴리우스, 세르비우스 Tullius, Servius (기원전 6세기): 기원전 578년~기원전 535년 로마의 제6대 왕. 2.37~38, 3.36

트리키피티누스 → 루크레티우스 트리키피티누스, 스푸리우스

티마이오스 (1) Timaeus (기원전 5세기): 로크리 출신. 피타고라스학파 철학자. 플라톤 『티마이오스』의 대화 참여자. 1.16

티마이오스 (2) Timaeus (기원전 350년 경~기원전 260년): 타우로메니움 출신. 이탈리아와 시칠리아의 역사 저술. 3.35

티베리우스 그라쿠스 → 셈프로니우스 그라쿠스, 티베리우스 (2)

티투스 라르키우스 → 라르키우스, 티투스

티투스 타티우스 → 타티우스, 티투스

ㅍ

파나이티오스 Panaetius (기원전 180년 경~기원전 110년 경): 로도스 출신. 스토아 철
학자. 기원전 129년 스토아학파 수장. 기원전 140년~기원전 139년 사절로 동방
에 간 스키피오와 동행. 1.15, 1.34

파비우스 막시무스, 퀸투스 Fabius Maximus, Quintus (기원전 203년 사망): 기원전
233년, 기원전 228년, 기원전 215년, 기원전 214년, 기원전 209년 집정관. 기원
전 217년 독재관. 제2차 카르타고 전쟁의 영웅. 별명은 쿤크타토르(Cunctator,
지연자). 1.1, 5.8

파울루스 → 아이밀리우스 파울루스, 루키우스

파쿠비우스, 마르쿠스 Pacuvius, Marcus (기원전 220년 경~기원전 130년): 비극 시인.
엔니우스의 조카. 1.30, 3.9

파피리우스, 루키우스 Papirius, Lucius: 기원전 430년 감찰관. 2.60

파피리우스 쿠르소르, 루키우스 Papirius Cursor, Lucius (기원전 4세기): 기원전 325
년, 기원전 310년 독재관. 기원전 326년, 기원전 320년, 기원전 319년, 기원전
315년, 기원전 313년 집정관. 로마의 장군. 제2차 삼니움 전쟁의 영웅. 자기에
게 빚진 젊은이를 모욕한 결과 원로원은 채무와 그로 인한 예속을 없앰. 2.59

파피리우스, 푸블리우스 Papirius, Publius: 기원전 430년 집정관. 2.60

판니우스, 가이우스 Fannius, Gaius (기원전 2세기): 『국가』의 대화 참여자. 기원전
122년 집정관. 라일리우스의 사위. 동명의 역사가와 동일인으로 추정됨. 1.18

팔라리스 Phalaris (기원전 6세기): 시칠리아의 아크라가스(아그리겐툼) 참주. 청동 소
안에서 정적들을 삶아 죽인 것으로 유명함. 1.44

페리클레스 Pericles (기원전 490년 경~기원전 429년): 아테네의 장군, 정치가. 아테네
민주정을 주도. 1.25, 4.20b

페이디아스 Phidias (기원전 465년 경~기원전 425년): 아테네의 조각가. 파르테논의
아테네 상과 올림피아의 제우스 상을 조각. 3.35

페이시스트라토스 Pisistratus (기원전 527년 사망): 기원전 560년~기원전 527년 아
테네의 참주. 1.68

포르키우스 카토, 마르쿠스 Porcius Cato, Marcus (기원전 234년~기원전 149년): 노
(老) 카토. 기원전 195년 집정관. 기원전 184년 감찰관. 엄격한 스토아 철학자.
위대한 연설가. 『기원』의 저자. 키케로 『노년론』의 대화 참여자. 1.1, 2.1, 3.30b,
4.20b

포스투무스 코미니우스 → 코미니우스, 포스투무스

포필리우스 라이나스, 푸블리우스 Popillius Laenas, Publius (기원전 2세기): 기원전 132년 집정관. 기원전 123년 가이우스 그라쿠스에 의해서 망명했다가 2년 후에 로마로 돌아옴. 1.6

폴뤼비오스 Polybius (기원전 200년 경~기원전 118년 경): 역사가. 기원전 168년 포로가 되어 로마로 옴. 『역사』의 저자. 1.34, 2.27, 4.1

폼페이우스, 퀸투스 Pompeius, Quintus (기원전 2세기): 기원전 141년 집정관. 신인(新人). 기원전 140년 누만티아에 지고 맺은 조약을 나중에 거부. 티베리우스 그라쿠스의 정적. 3.14

폼필리우스, 누마 Pompilius, Numa (기원전 8세기~기원전 7세기): 기원전 712년~기원전 673년 로마의 제2대 왕. 2.25~2.31, 2.33, 3.36, 5.3

푸리우스 카밀루스, 마르쿠스 Furius Camillus, Marcus (기원전 5세기~기원전 4세기): 기원전 401년, 기원전 398년, 기원전 394년, 기원전 386년, 기원전 384년, 기원전 381년 집정관급 군 지휘관. 기원전 396년, 기원전 390년, 기원전 389년, 기원전 368년, 기원전 367년, 독재관. 기원전 396년 베이이족 정복. 기원전 387년 갈리족 격퇴. 1.6

푸리우스 필루스, 루키우스 Furius Philus, Lucius (기원전 2세기): 『국가』의 대화 참여자. 기원전 136년 집정관. 스키피오의 친한 친구. 1.17, 1.19~20, 1.30, 1.34, 1.37, 3.5, 3.7~18

푸블리우스 루틸리우스 루푸스 → 루틸리우스 루푸스, 푸블리우스

푸블리우스 무키우스 → 무키우스 스카이볼라, 푸블리우스

푸블리우스 발레리우스 → 발레리우스 푸블리콜라, 푸블리우스

푸블리우스 스키피오 → 코르넬리우스 스키피오, 푸블리우스

푸블리우스 아프리카누스 → 코르넬리우스 스키피오 아이밀리아누스 아프리카누스, 푸블리우스

푸블리우스 아프리카누스 → 코르넬리우스 스키피오 아프리카누스, 푸블리우스

푸블리우스 크라수스 → 리키니우스 크라수스 디베스 무키아누스, 푸블리우스

푸블리우스 파피리우스 → 파피리우스, 푸블리우스

푸블리우스 피나리우스 → 피나리우스, 푸블리우스

퓌로스 Pyrrhus (기원전 319년 경~기원전 272년): 기원전 297년~기원전 272년 에페이로스의 왕. 3.30a

프로쿨루스 율리우스 → 율리우스, 프로쿨루스

플라우투스 Plautus (기원전 250년 경~기원전 184년): 로마의 희극 작가. 4.20b

플라톤 Plato (기원전 429년~기원전 347년): 소크라테스의 제자. 아카데미아의 창립
　　자. 아리스토텔레스의 스승. 1.16, 1.22, 1.29, 1.65~67, 2.3, 2.22, 2.51, 4.2a, 4.18

피나리우스, 푸블리우스 Pinarius, Publius (기원전 5세기): 기원전 430년 감찰관. 2.60

피타고라스 Pythagoras (기원전 6세기~기원전 5세기): 희랍의 철학자, 수학자. 1.16,
　　2.28~29, 3.11

필롤라오스 Philolaus (기원전 470년 경~기원전 390년): 피타고라스학파 철학자. 1.16

필루스 → 푸리우스 필루스, 루키우스

필리포스 Philippus: 알렉산드로스 대왕의 부친. 기원전 359년~기원전 336년 마케
　　도니아의 왕(필리포스 2세). 페르시아 제국을 공격하기 전에 암살당함. 3.9, 4.21

ㅎ

헤라클레스 Hercules: 희랍 신화의 영웅. 2.24, 3.32, 불확실한 단편 3

헤시오도스 Hesiodus (기원전 8세기): 희랍의 시인. 『신통기』, 『일과 날』의 저자. 2.20

호라티우스 바르바투스, 마르쿠스 Horatius Barbatus, Marcus (기원전 5세기): 기원전
　　449년 집정관. 상소 면제권을 지닌 정무관이 선출되지 않게 하라는 법률 제정. 2.54

호메로스 Homerus (키케로의 추정으로는 기원전 10세기, 일반적으로는 기원전 8세기):
　　희랍의 시인. 『일리아스』, 『오뒤세이아』의 저자. 1.56, 2.18~19, 4.19, 6.14

호스틸리우스 만키누스, 가이우스 Hostilius Mancinus, Gaius (기원전 2세기): 기원전
　　137년 집정관. 누만티아에 지고 나서 맺은 조약을 로마 원로원이 거부했기 때문
　　에 누만티아로 넘겨졌지만 이후에 로마로 돌아옴. 3.14

호스틸리우스, 툴루스 Hostilius, Tullus (기원전 7세기): 기원전 672년~기원전 641년
　　로마의 제3대 왕. 2.31, 2.53

휘페르볼로스 Hyperbolus (기원전 411년 사망): 아테네의 민중 선동가. 4.20b

색인

노예 상태 servitus 1.47, 1.68

ㄷ

대권 imperium 1.3, 1.27~28, 1.47,
    1.60, 1.63, 1.68, 2.15, 2.23,
    2.25, 2.31, 2.33, 2.35, 2.38,
    2.50, 2.55~56, 2.58, 2.61, 3.13,
    3.18, 3.29
다수 multitudo 1.39, 1.41~1.44, 1.52,
    1.65, 1.69, 2.39
대제관 pontifex 2.26, 2.54, 위치가 불
    확실한 단편 9
대중 multitudo 1.9, 3.35~36, 6.9
대중 집회 contio 1.7, 2.20, 2.53
덕 virtus 1.1~2, 1.12, 1.16, 1.21, 1.25,
    1.33, 1.41, 1.51~52, 2.17, 2.20,
    2.24, 2.29, 2.46, 2.59, 3.5, 3.8,
    3.11, 3.28, 3.31, 5.2, 5.7, 5.9,
    6.12, 6.29
도시 urbs 1.1, 1.3, 1.21, 1.41, 1.58,
    1.71, 2.4~5, 2.7, 2.9~12, 2.16,
    2.22, 2.33~34, 2.36, 2.39, 2.44,
    2.66, 3.9~10, 3.35, 4.19, 5.3,
    6.15
독재관 dictator 1.63, 2.56, 6.16, 위치
    가 불확실한 단편 6
동의 consensus 1.39, 2.69, 3.35
두려움 timor 1.24~25, 1.68, 2.4, 2.50,
    3.1, 3.3, 3.12, 6.14

ㅁ

마음 animus 1.25, 1.28, 1.37, 1.44,
    2.26~27, 3.12, 3.36, 6.13
만민법 ius gentium 1.2
명령 imperium 3.22
명예 honor 1.7, 1.53, 1.64, 1.67, 2.34,
    2.59, 3.13, 3.28
모임 coetus 1.39, 1.41, 3.35, 6.17,
    6.20; concilium 1.28
미신 religio 1.23~24
민회 comitia 2.25, 2.31, 2.53, 2.56,
    2.60~61

ㅂ

범죄 facinus 6.5; scelus 2.45, 3.11, 3
    권 단편 1
법 ius 1.2~3, 1.27, 1.39, 1.43, 1.53,
    2.31, 2.48, 2.56, 3.10~11, 3.18,
    3.35, 5.3~4, 6.17, 6.33
법률 lex 1.2~3, 1.38, 1.48~49, 1.52,
    1.67, 2.2, 2.18, 2.26, 2.35, 2.43,
    2.53~55, 2.60~61, 2.63~64,
    3.3~4, 3.9, 3.11, 3.27, 3.35 4.1,
    4.11, 5.3~4
본성 natura 1.3, 1.22, 1.28, 1.47, 1.56,
    2.57, 3.5, 5.9, 6.32
부정의 iniustitia 1.64, 2.63, 3.12
부족 tribus 2.14, 2.16, 4.22
분노 ira 1.59~60, 3.21~22
불명예 dedecus 1.51, 3.3

직무 officium 2.37

집정관 consul 1.7, 1.10, 1.14, 1.21,
    1.23, 1.27, 1.62, 2.54~58,
    2.60~61, 3.14, 6.13, 6.15

집회 concilium 6.17

ㅊ

참주 tyrannus 1.50, 1.65~66, 1.68,
    2.34, 2.47~49, 2.51, 3.17, 3.35

최선자 optimus 1.3, 1.50~51, 1.53,
    2.15, 3.3, 3.21

추함 turpitudo 1.2

친절 benignitas 2.35

ㅋ

쾌락 voluptas 1.1, 1.3, 2.59, 2권 단
    편 6, 3.18, 6.33, 위치가 불확실
    한 단편 8

쿠리아법 lex curiata 2.25, 2.33, 2.38

ㅌ

타락 corruptela 2.7, 3.9

탐욕 avaritia 1.60, 3권 단편 5

통치 gubernatio 1.2, 1.45

통치자 rector 2.51, 3.3, 5.4, 6.1, 6.17

투표 suffragium 1.47, 2.35, 2.39, 4.1

투표권 suffragium 2.40

ㅍ

판결 iudicium 2.54; ius 2.38

판단 iudicium 1.69, 2.1, 4.20c

판정자 disceptator 3.27, 5.3

평등 aequabilitas 1.43, 1.53, 1.69,
    2.43; aequitas 1.53

평민 plebs 1.62, 2.16, 2.58~59, 2.63,
    3.9, 3.36

평화 pax 1.48, 1.63, 2.14, 2.26~27,
    4.21, 5.3

ㅎ

학문 ratio 1.37

학술 ars 1.16, 1.20, 1.30, 1.33, 2.29,
    2.34, 2.37, 3.5

행실 mos 2.45, 2.48

허약함 imbecillitas 1.39, 3.17

현명함 prudentia 2.45, 3.5, 3.14, 6.1

현자 sapiens 1.9~12, 1.27, 1.45, 3.4,
    3.12, 6.12, 위치가 불확실한 단
    편 7

호민관 tribunus plebis 2.58~59,
    2.61~62

화합 concordia 1.49, 2.27, 2.54, 2.69

훈련 disciplina 1.70, 2.7, 3.5, 4.1~2a,
    4.4